新时代中国特色社会主义理论与实践研究

（2021年版）

XINSHIDAI ZHONGGUO TESE SHEHUI ZHUYI
LILUN YU SHIJIAN YANJIU

常红利◎编著

经济管理出版社
ECONOMY & MANAGEMENT PUBLISHING HOUSE

图书在版编目（CIP）数据

新时代中国特色社会主义理论与实践研究：2021年版/常红利编著 . —北京：经济管理出版社，2021.1

ISBN 978-7-5096-7702-5

Ⅰ.①新…　Ⅱ.①常…　Ⅲ.①中国特色社会主义—研究　Ⅳ.①D616

中国版本图书馆 CIP 数据核字（2021）第 022003 号

组稿编辑：张丽原

责任编辑：宋　娜　詹　静

责任印制：黄章平

责任校对：陈　颖

出版发行：经济管理出版社

　　　　　（北京市海淀区北蜂窝 8 号中雅大厦 A 座 11 层　100038）

网　　址：www. E-mp. com. cn

电　　话：（010）51915602

印　　刷：唐山昊达印刷有限公司

经　　销：新华书店

开　　本：720mm×1000mm/16

印　　张：13

字　　数：202 千字

版　　次：2021 年 8 月第 1 版　　2021 年 8 月第 1 次印刷

书　　号：ISBN 978-7-5096-7702-5

定　　价：58.00 元

前　言

按照教育部制定的教学大纲，硕士研究生阶段开设的一门思想政治理论课是《新时代中国特色社会主义理论与实践研究》。目前，在市场上，为这门课程服务的教辅材料并不多见，能够为全国高校硕士研究生编写一本该课程的教辅材料也是笔者多年的夙愿。2017年9月，笔者申报的硕士研究生《新时代中国特色社会主义理论与实践研究》精品课程建设项目获得学校资助。在之后的三年多时间里，笔者对多年讲授该课程的讲稿进行了反复修改，最后又推倒重来、数易其稿，最终形成呈现在读者面前的这个"作品"。

党的十九大报告指出："经过长期努力，中国特色社会主义进入了新时代，这是我国发展新的历史方位。"新时代提出的重大时代课题，就是必须从理论和实践相结合方面系统地回答"新时代坚持和发展什么样的中国特色社会主义、怎样坚持和发展中国特色社会主义"。围绕这个重大时代课题，我们党坚持以马克思列宁主义、毛泽东思想、邓小平理论、"三个代表"重要思想、科学发展观为指导，以全新的视野深化对共产党执政规律、社会主义建设规律、人类社会发展规律的认识，形成了习近平新时代中国特色社会主义思想。在这门课程中，我们讲什么、学什么、用什么？概括来讲，就是讲习近平新时代中国特色社会主义思想，就是学好用好习近平新时代中国特色社会主义思想。在教育部制定的教学大纲框架内，本书在充分吸收借鉴习近平新时代中国特色社会主义思想和党的十九大精神研究成果的基础上，力求全面反映这一思想的基本精神、基本内容和基本要求。除"导论"以外，全书分为十一章：当代中国发展的历史方位和根本方向；新时代坚持和发展中国特色社会主义的根本立场和领导力量；新时代坚持和发展中国特色社会主义的奋斗目标和战略安排；新时代坚持和发展中国特色社会主义的根本动力和本质要求；以习近平生态文明思想为指导，共同建设美丽中国；以新发展理念引领经济高质量发展；提高保障和改善民生水平，加强和创新社会治理；建设具有强大凝聚力和引领力的社会主义意识形态；新时代国防和军队建设与实现祖国完全统一；努力开创新时代中国特色大国外交新局面；努力掌握马克思主义思想及其思想方法和工作方法。本书可作为全国高校硕士研究生和教师"中国特色社会主义理论与实践研究"专题教学的辅助用书。

由于笔者水平有限，编写时间仓促，所以书中错误和不足之处在所难免，恳请广大读者批评指正。

常红利

2021 年 1 月 15 日于北京寓所

目　录

导　论

学好用好习近平新时代中国特色社会主义思想，
　努力成为担当民族复兴大任的时代新人

　　按照教育部制定的教学大纲，硕士研究生阶段开设的一门思想政治理论课是《中国特色社会主义理论与实践研究》。在这门课程中，我们讲什么、学什么、用什么？概括来讲，重点就是讲习近平新时代中国特色社会主义思想，就是学好用好习近平新时代中国特色社会主义思想。中国共产党第十九次全国代表大会把习近平新时代中国特色社会主义思想确立为党必须长期坚持的指导思想并庄严地写入党章，实现了党的指导思想的与时俱进。这是一个历史性决策和历史性贡献，其体现了党在政治上、理论上的高度成熟、高度自信。第十三届全国人民代表大会第一次会议通过的宪法修正案，郑重地把习近平新时代中国特色社会主义思想载入宪法，实现了国家指导思想的与时俱进，反映了全国各族人民共同意志和全社会共同意愿。习近平新时代中国特色社会主义思想，是新时代中国共产党的思想旗帜，是国家政治生活和社会生活的根本指针，是当代中国马克思主义和 21 世纪马克思主义。

一、习近平新时代中国特色社会主义思想的创立条件

1. 思想理论基础

在人类思想史上，就科学性、真理性、影响力、传播面而言，没有一种思想理

论能达到马克思主义的高度，也没有一种学说能像马克思主义那样对世界产生了如此巨大的影响。我们党是用马克思主义武装起来的政党，马克思主义是我们共产党人理想信念的灵魂。

以毛泽东同志为主要代表的中国共产党人，把马克思列宁主义的基本原理同中国革命的具体实践结合起来，创立了毛泽东思想。毛泽东思想是马克思列宁主义在中国的运用和发展，是被实践证明了的关于中国革命和建设的正确的理论原则和经验总结，是中国共产党集体智慧的结晶。在毛泽东思想指引下，中国共产党领导全国各族人民，经过长期的反对帝国主义、封建主义、官僚资本主义的革命斗争，取得了新民主主义革命的胜利，建立了人民民主专政的中华人民共和国；新中国成立以后，顺利地进行了社会主义改造，完成了从新民主主义到社会主义的过渡，确立了社会主义基本制度，发展了社会主义的经济、政治和文化。

党的十一届三中全会以来，以邓小平同志为主要代表的中国共产党人，总结了新中国成立以来正反两方面的经验，解放思想，实事求是，实现全党工作中心向经济建设的转移，实行改革开放，开辟了社会主义事业发展的新时期，逐步形成了建设中国特色社会主义的路线、方针、政策，阐明了在中国建设社会主义、巩固和发展社会主义的基本问题，创立了邓小平理论。邓小平理论是马克思列宁主义的基本原理同当代中国实践和时代特征相结合的产物，是毛泽东思想在新的历史条件下的继承和发展，是马克思主义在中国发展的新阶段，是当代中国的马克思主义，是中国共产党集体智慧的结晶，其引导着我国社会主义现代化事业不断前进。

党的十三届四中全会以来，以江泽民同志为主要代表的中国共产党人，在建设中国特色社会主义的实践中，加深了对什么是社会主义、怎样建设社会主义和建设什么样的党、怎样建设党的认识，积累了治党治国新的宝贵经验，形成了"三个代表"重要思想。"三个代表"重要思想是对马克思列宁主义、毛泽东思想、邓小平理论的继承和发展，反映了当代世界和中国的发展变化对党和国家工作的新要求，是加强和改进党的建设、推进我国社会主义自我完善和发展的强大理论武器，是中国共产党集体智慧的结晶，是党必须长期坚持的指导思想。始终做到"三个代表"，是我们党的立党之本、执政之基、力量之源。

党的十六大以来，以胡锦涛同志为主要代表的中国共产党人，坚持以邓小平理论和"三个代表"重要思想为指导，根据新的发展要求，深刻认识和回答了新形势下实现什么样的发展、怎样发展等重大问题，形成了以人为本、全面协调可持续发展的科学发展观。科学发展观是同马克思列宁主义、毛泽东思想、邓小平理论、"三个代表"重要思想既一脉相承又与时俱进的科学理论，是马克思主义关于发展的世界观和方法论的集中体现，是马克思主义中国化重大成果，是中国共产党集体智慧的结晶，是发展中国特色社会主义必须长期坚持的指导思想。

党的十八大以来，以习近平同志为主要代表的中国共产党人，顺应时代发展，从理论和实践结合上系统回答了新时代坚持和发展什么样的中国特色社会主义、怎样坚持和发展中国特色社会主义这个重大时代课题，创立了习近平新时代中国特色社会主义思想。习近平新时代中国特色社会主义思想是对马克思列宁主义、毛泽东思想、邓小平理论、"三个代表"重要思想、科学发展观的继承和发展，是马克思主义中国化最新成果，是党和人民实践经验和集体智慧的结晶，是中国特色社会主义理论体系的重要组成部分，是全党全国人民为实现中华民族伟大复兴而奋斗的行动指南，必须长期坚持并不断发展。

2. 时代和实践条件

当代中国正经历着我国历史上最为广泛而深刻的社会变革，也正在进行着人类历史上最为宏大而独特的实践创新。中国特色社会主义进入新时代，这是一个需要理论而且一定能够产生理论的时代，是一个需要思想而且一定能够产生思想的时代。

当今世界正在经历百年未有之大变局。世界多极化、经济全球化、社会信息化、文化多样化深入发展，全球治理体系和国际秩序变革加速推进，新兴市场国家和发展中国家快速崛起，国际力量对比更趋均衡，世界各国人民的命运从未像今天这样紧紧相连。同时，世界面临的不稳定性、不确定性突出，世界经济增长乏力，贸易保护主义、孤立主义、民粹主义等思潮不断抬头，贫富分化日益严重，地区热点问题此起彼伏，恐怖主义、网络安全、重大传染性疾病、气候变化等非传统安全威胁持续蔓延。世界怎么了？应该怎么办？在这样大发展大变革大调整的背景下，以习近平同志为核心的党中央，为解决世界经济、国际安全、全球治理等一系列重大问题提供了新的方向、新的方案、新的选择。中国发展理念、发展道路、发展模式的影响力、吸引力显著增强，中国日益发挥着世界和平建设者、全球发展贡献者、国际秩序维护者的重要作用，前所未有地走近世界舞台中央。习近平新时代中国特色社会主义思想，正是在把握世界发展大势、应对全球共同挑战、维护人类共同利益的过程中创立并不断丰富发展的。

当代中国正处于近代以来最好的发展时期。在新中国成立以来特别是改革开放以来取得的重大成就基础上，我国发展站到了新的历史起点上。社会生产力水平总体上显著提高，国家经济实力、科技实力、国防实力、综合国力、国际影响力显著提升。我们具备过去难以想象的良好发展条件，但也面临着许多前所未有的困难和挑战。以习近平同志为核心的党中央以巨大的政治勇气和强烈的责任担当，提出一系列新理念、新思想、新战略，出台一系列重大方针政策，推出一系列重大举措，推进一系列重大工作，解决了许多长期想解决而没有解决的难题，办成了许多过去想办而没有办成的大事，推动党和国家事业取得历史性成就和发生历史性变革。习近平新时代中国特色社会主义思想，正是在中华民族迎来从站起来、富起来到强起来的伟大飞跃中创立并不断丰富发展的。

中国共产党在革命性锻造中坚定走在时代前列。历史和现实一再证明，一个执政党进行社会革命不容易，进行自我革命更不容易，而不进行自我革命就必然被历史所淘汰。一路走来，我们党在带领人民进行伟大社会革命的同时，不断进行伟大自我革命，这是我们党不断从胜利走向新的胜利的关键所在。一个时期以来，一些地方和单位管党不力、治党不严，导致党内问题越积越多，严重损害党的形象、侵蚀党的执政基础。以习近平同志为核心的党中央，勇于面对党面临的重大风险考验和党内存在的突出问题，以顽强意志品质正风肃纪、反腐惩恶，消除了党和国家内部存在的严重隐患，实现了管党治党从"宽、松、软"到"严、紧、硬"的深刻转变，党内政治生活气象更新，党内政治生态明显好转，党的创造力、凝聚力、战斗力显著增强，党的团结统一更加巩固，党群关系明显改善，为党和国家事业发展提供了坚强政治保证。习近平新时代中国特色社会主义思想，正是在不断推进党的自我革命，实现党的自我净化、自我完善、自我革新、自我提高的过程中创立并不断丰富发展的。

科学社会主义在 21 世纪的中国焕发出强大生机活力。社会主义在中国的实践发展，推动中华民族实现了历史上最广泛、最深刻、最伟大的社会变革。20 世纪80 年代末 90 年代初，世界社会主义遭受严重曲折。有人宣称"20 世纪将以社会主义的失败和资本主义的胜利而告终"，还有人妄称社会主义中国也将随着"多米诺骨牌效应"而倒下。但我们挺直了腰杆，顶住了冲击，经受住了考验，科学社会主义在曲折中奋起。进入新时代，以习近平同志为核心的党中央，带领全党全国人民推动中国特色社会主义事业取得了举世瞩目的伟大成就，以不可辩驳的事实彰显了科学社会主义的鲜活生命力。中国特色社会主义道路越走越宽广，使世界上正视和相信马克思主义和社会主义的人多了起来，使世界范围内两种意识形态、两种社会制度的历史演进及其较量，发生了有利于马克思主义、社会主义的深刻转变。这不仅对于社会主义在中国的发展，而且对于世界社会主义发展和人类进步，都是具有深远历史意义的大趋势。习近平新时代中国特色社会主义思想，正是在对科学社会主义理论与实践的深邃思考、深刻总结，对坚持和发展中国特色社会主义的不懈探索、砥砺前行中创立并不断丰富发展的。

二、习近平新时代中国特色社会主义思想的核心内容

习近平新时代中国特色社会主义思想系统地回答了新时代坚持和发展什么样的中国特色社会主义、怎样坚持和发展中国特色社会主义，包括新时代坚持和发展中国特色社会主义的总目标、总任务、总体布局、战略布局和发展方向、发展方式、发展动力、战略步骤、外部条件、政治保证等基本问题，并且根据新的实践对经济、政治、法治、科技、文化、教育、民生、民族、宗教、社会、生态文明、国家安全、国防和军队、"一国两制"和祖国统一、统一战线、外交、党的建设等各方面作出理论分析和政策指导。习近平新时代中国特色社会主义思想的核心内容是"八个明确"和"十四个坚持"。

1. "八个明确"是指导思想层面的表述

"八个明确"是指导思想层面的表述，重点讲的是怎么看，回答的是新时代坚持和发展什么样的中国特色社会主义的问题。

（1）明确坚持和发展中国特色社会主义，总任务是实现社会主义现代化和中华民族伟大复兴，在全面建成小康社会的基础上，分两步走在21世纪中叶建成富强民主文明和谐美丽的社会主义现代化强国。

（2）明确新时代我国社会主要矛盾是人民日益增长的美好生活需要和不平衡不充分的发展之间的矛盾，必须坚持以人民为中心的发展思想，不断促进人的全面发展和全体人民的共同富裕。

（3）明确中国特色社会主义事业总体布局是"五位一体"、战略布局是"四个全面"，强调坚定道路自信、理论自信、制度自信、文化自信。

（4）明确全面深化改革总目标是完善和发展中国特色社会主义制度、推进国家治理体系和治理能力现代化。

（5）明确全面推进依法治国总目标是建设中国特色社会主义法治体系、建设社会主义法治国家。

（6）明确党在新时代的强军目标是建设一支听党指挥、能打胜仗、作风优良的人民军队，把人民军队建设成为世界一流军队。

（7）明确中国特色大国外交要推动构建新型国际关系，推动构建人类命运共同体。

（8）明确中国特色社会主义最本质的特征是中国共产党领导，中国特色社会主义制度的最大优势是中国共产党领导，党是最高政治领导力量，提出新时代党的建设总要求，突出政治建设在党的建设中的重要地位。

2. "十四个坚持"是行动纲领层面的表述

"十四个坚持"，即新时代中国特色社会主义基本方略，是行动纲领层面的表述，重点讲的是怎么办，回答的是新时代怎样坚持和发展中国特色社会主义的问题。

（1）坚持党对一切工作的领导。党政军民学，东西南北中，党是领导一切的。

必须增强政治意识、大局意识、核心意识、看齐意识，自觉维护党中央权威和集中统一领导，自觉在思想上政治上行动上同党中央保持高度一致，完善坚持党的领导体制机制，坚持稳中求进工作总基调，统筹推进"五位一体"总体布局，协调推进"四个全面"战略布局，提高党把方向、谋大局、定政策、促改革的能力和定力，确保党始终总揽全局、协调各方。

（2）坚持以人民为中心。人民是历史的创造者，是决定党和国家前途命运的根本力量。必须坚持人民主体地位，坚持立党为公、执政为民，践行全心全意为人民服务的根本宗旨，把党的群众路线贯彻到治国理政全部活动之中，把人民对美好生活的向往作为奋斗目标，依靠人民创造历史伟业。

（3）坚持全面深化改革。只有社会主义才能救中国，只有改革开放才能发展中国、发展社会主义、发展马克思主义。必须坚持和完善中国特色社会主义制度，不断推进国家治理体系和治理能力现代化，坚决破除一切不合时宜的思想观念和体制机制弊端，突破利益固化的藩篱，吸收人类文明有益成果，构建系统完备、科学规范、运行有效的制度体系，充分发挥我国社会主义制度优越性。

（4）坚持新发展理念。发展是解决我国一切问题的基础和关键，发展必须是科学发展，必须坚定不移贯彻创新、协调、绿色、开放、共享的发展理念。必须坚持和完善我国社会主义基本经济制度和分配制度，毫不动摇巩固和发展公有制经济，毫不动摇鼓励、支持、引导非公有制经济发展，使市场在资源配置中起决定性作用，更好地发挥政府作用，推动新型工业化、信息化、城镇化、农业现代化同步发展，主动参与和推动经济全球化进程，发展更高层次的开放型经济，不断壮大我国经济实力和综合国力。

（5）坚持人民当家作主。坚持党的领导、人民当家作主、依法治国有机统一是社会主义政治发展的必然要求。必须坚持中国特色社会主义政治发展道路，坚持和完善人民代表大会制度、中国共产党领导的多党合作和政治协商制度、民族区域自治制度、基层群众自治制度，巩固和发展最广泛的爱国统一战线，发展社会主义协商民主，健全民主制度，丰富民主形式，拓宽民主渠道，把保证人民当家作主落实到国家政治生活和社会生活之中。

（6）坚持全面依法治国。全面依法治国是中国特色社会主义的本质要求和重要保障。必须把党的领导贯彻落实到依法治国全过程和各个方面，坚定不移地走中国特色社会主义法治道路，完善以宪法为核心的中国特色社会主义法律体系，建设中国特色社会主义法治体系，建设社会主义法治国家，发展中国特色社会主义法治理论，坚持依法治国、依法执政、依法行政共同推进，坚持法治国家、法治政府、法治社会一体建设，坚持依法治国和以德治国相结合，依法治国和依规治党有机统一，深化司法体制改革，提高全民族法治素养和道德素质。

（7）坚持社会主义核心价值体系。文化自信是一个国家、一个民族发展中更基本、更深沉、更持久的力量。必须坚持马克思主义，牢固树立共产主义远大理想和中国特色社会主义共同理想，培育和践行社会主义核心价值观，不断增强意识形态领域主导权和话语权，推动中华优秀传统文化创造性转化、创新性发展，继承革命文化，发展社会主义先进文化，不忘本来、吸收外来、面向未来，更好构筑中国精神、中国价值、中国力量，为人民提供精神指引。

（8）坚持在发展中保障和改善民生。增进民生福祉是发展的根本目的。必须多谋民生之利、多解民生之忧，在发展中补齐民生短板、促进社会公平正义，在幼有所育、学有所教、劳有所得、病有所医、老有所养、住有所居、弱有所扶上不断取得新进展，深入开展脱贫攻坚，保证全体人民在共建共享发展中有更多获得感，不断促进人的全面发展和全体人民共同富裕。建设平安中国，加强和创新社会治理，维护社会和谐稳定，确保国家长治久安、人民安居乐业。

（9）坚持人与自然和谐共生。建设生态文明是中华民族永续发展的千年大计。必须树立和践行"绿水青山就是金山银山"的理念，坚持节约资源和保护环境的基本国策，像对待生命一样对待生态环境，统筹山、水、林、田、湖、草系统治理，实行最严格的生态环境保护制度，形成绿色发展方式和生活方式，坚定走生产发展、生活富裕、生态良好的文明发展道路，建设美丽中国，为人民创造良好生产生活环境，为全球生态安全做出贡献。

（10）坚持总体国家安全观。统筹发展和安全，增强忧患意识，做到居安思危，是我们党治国理政的一个重大原则。必须坚持国家利益至上，以人民安全为宗旨，以政治安全为根本，统筹外部安全和内部安全、国土安全和国民安全、传统安全和非传统安全、自身安全和共同安全，完善国家安全制度体系，加强国家安全能力建设，坚决维护国家主权、安全、发展利益。

（11）坚持党对人民军队的绝对领导。建设一支听党指挥、能打胜仗、作风优良的人民军队，是实现"两个一百年"奋斗目标、实现中华民族伟大复兴的战略支撑。必须全面贯彻党领导人民军队的一系列根本原则和制度，确立新时代党的强军思想在国防和军队建设中的指导地位，坚持政治建军、改革强军、科技兴军、依法治军，更加注重聚焦实战，更加注重创新驱动，更加注重体系建设，更加注重集约高效，更加注重军民融合，实现党在新时代的强军目标。

（12）坚持"一国两制"和推进祖国统一。保持香港、澳门长期繁荣稳定，实现祖国完全统一，是实现中华民族伟大复兴的必然要求。必须把维护中央对香港、澳门特别行政区全面管治权和保障特别行政区高度自治权有机结合起来，确保"一国两制"方针不会变、不动摇，确保"一国两制"实践不变形、不走样。必须坚持一个中国原则，坚持"九二共识"，推动两岸关系和平发展，深化两岸经济合作和文化往来，推动两岸同胞共同反对一切分裂国家的活动，共同为实现中华民族伟大复兴而奋斗。

（13）坚持推动构建人类命运共同体。中国人民的梦想同各国人民的梦想息息相通，实现中国梦离不开和平的国际环境和稳定的国际秩序。必须统筹国内国际两个大局，始终不渝走和平发展道路、奉行互利共赢的开放战略，坚持正确义利观，树立共同、综合、合作、可持续的新安全观，谋求开放创新、包容互惠的发展前景，促进和而不同、兼收并蓄的文明交流，构建尊崇自然、绿色发展的生态体系，始终做世界和平的建设者、全球发展的贡献者、国际秩序的维护者。

（14）坚持全面从严治党。勇于自我革命，从严管党治党，是我们党最鲜明的品格。必须以党章为根本遵循，把党的政治建设摆在首位，思想建党和制度治党同向发力，统筹推进党的各项建设，抓住"关键少数"，坚持"三严三实"，坚持民主集中制，严肃党内政治生活，严明党的纪律，强化党内监督，发展积极健康的党内政治文化，全面净化党内政治生态，坚决纠正各种不正之风，以"零容忍"态度惩治腐败，不断增强党自我净化、自我完善、自我革新、自我提高的能力，始终保持党同人民群众的血肉联系。

"八个明确""十四个坚持"有机融合、有机统一，凝结着我们党坚持和发展中国特色社会主义的宝贵经验，反映了以习近平同志为核心的党中央对中国特色社会主义规律性认识的深化、拓展、升华，体现了理论与实际相结合、认识论和方法论相统一的鲜明特色。

3. 理解和把握习近平新时代中国特色社会主义思想的金钥匙

为人民谋幸福、为民族谋复兴、为世界谋大同，是深刻理解和全面把握习近平新时代中国特色社会主义思想的金钥匙。

这一思想坚守中国共产党人为人民谋幸福的初心，坚持人民主体地位，坚持一切为了人民、一切依靠人民，彰显了人民是历史的创造者、人民是真正英雄的唯物史观，彰显了以人为本、人民至上的价值取向，彰显了立党为公、执政为民的执政理念。这一思想承载中国共产党人为民族谋复兴的使命，擘画实现民族复兴中国梦的宏伟蓝图，高扬中华民族伟大创造精神、伟大奋斗精神、伟大团结精神、伟大梦想精神，传承和弘扬中华优秀传统文化，为实现中华民族伟大复兴提供了强大精神力量。这一思想担当中国共产党人为世界谋大同的责任，饱含对人类发展重大问题的睿智思考和独特创见，洞察时代风云，把握时代脉搏，引领时代潮流，为应对全球共同挑战、共同问题提供了中国智慧和中国方案，为推动构建人类命运共同体、维护人类共同利益和共同价值做出了重要贡献。

4. 理解和把握习近平新时代中国特色社会主义思想活的灵魂

解放思想、实事求是、与时俱进，既是马克思主义活的灵魂，也是习近平新时代中国特色社会主义思想活的灵魂。习近平新时代中国特色社会主义思想，植根于坚持和发展中国特色社会主义新的伟大实践，坚持理论指导和实践探索相统一，在指导实践、推动实践中展现出强大真理力量和独特思想魅力。习近平新时代中国特色社会主义思想是不断发展的、开放的理论，在指导新时代伟大社会革命和伟大自我革命的历史进军中，必将随着中国特色社会主义伟大实践的深入推进而持续发展、不断丰富、更加完善。

在当代中国，坚持和发展习近平新时代中国特色社会主义思想，就是真正坚持和发展马克思主义，就是真正坚持和发展科学社会主义。必须高举马克思主义、中国特色社会主义伟大旗帜不动摇，必须坚持习近平新时代中国特色社会主义思想指导地位不动摇！

三、全面严格学习纪律和考试要求

1. 混合式教学：以课堂教学为主，辅之以网络教学和实践教学

我们的整个教学过程分为三个环节，具体包括课堂教学、网络教学和实践教学。其中，在课堂教学环节，我们将坚持以学生为中心、以教师为主导，师生共同参与，进行专题教学和研讨。在网络教学环节，我们将建立微信群，随时随地进行交流探讨；同时，要求同学们时时关注人民网理论频道、求是网等，及时掌握最新学术动态。在实践教学环节，我们将适时组织大家参观考察，具体地点、时间和要求另行通知。

2. 总成绩 100%＝课堂成绩 70%＋课外成绩 30%

这门课程总成绩包括课堂成绩和课外成绩两部分，课堂成绩占总成绩的 70%，课外成绩占总成绩的 30%。课堂成绩包括考勤、课堂试讲问答和期末闭卷考试，考勤和课堂试讲问答占总成绩的 20%，期末闭卷考试占总成绩的 50%（对于课堂试讲问答优异同学，可酌情增加 5 分以内的附加分）。

对于考勤，迟到或早退 3 次算 1 次旷课；旷课 1 次取消附加分即 5 分；旷课 2 次取消考勤和课堂试讲问答成绩即 20 分；旷课 3 次再取消期末考试成绩即 50 分；旷课 4 次及以上再取消课外成绩即 20 分＝0 分。是否迟到、早退或旷课以任课老师的现场点名为准，旷课情况将适时通报给所在二级学院班主任和主管院领导。有事或生病一定要提前写书面假条，经所在二级学院班主任和主管院领导签字后由班长或团支书在上课前递交任课老师。

课外成绩占总成绩的 30%，课外成绩是指在课外实践教学环节的成绩。我们将把学生划分成若干个专题学习小组，每个小组不超过 5 人，选一个组长，组长由班团干部和学生党员（含预备）担任，组长主要负责专题调研及报告的任务分配和统稿，对这个专题调研报告的考核成绩就是这个小组每一位成员的课外成绩。

3. 课外作业

习近平总书记说："坚持问题导向是马克思主义的鲜明特点。问题是创新的起点，也是创新的动力源。"作为一次课外作业，请同学们课后认真研读党的十九大报告，查找相关资料，围绕"新时代坚持和发展什么样的中国特色社会主义、怎样坚持和发展中国特色社会主义"这一重大时代课题，谈谈你最关心的三个具体问题是什么，你对讲好《中国特色社会主义理论与实践研究》这门课程的具体意见和建议是什么？我们将根据你的意见和建议进一步深化《中国特色社会主义理论与实践研究》课程的教学改革，努力增强研究生学好用好习近平新时代中国特色社会主义思想的思想性、理论性、亲和力和针对性。

思考题

1. 如何理解习近平新时代中国特色社会主义思想的创立条件？
2. 如何把握习近平新时代中国特色社会主义思想的核心内容？

第一章
当代中国发展的历史方位和根本方向

习近平总书记指出，中国四十多年的改革开放给人们提供了许多弥足珍贵的启示，其中最重要的一条就是，一个国家、一个民族要振兴，就必须在历史前进的逻辑中前进、在时代发展的潮流中发展。四十多年前，中国开启了改革开放历史征程。四十多年来，中国人民始终艰苦奋斗、顽强拼搏，始终上下求索、锐意进取，始终与时俱进、一往无前，始终敞开胸襟、拥抱世界，用双手书写了国家和民族发展的壮丽史诗，推动了中国和世界的共同发展进步。

第一节　中国特色社会主义的开创和发展

一、中国特色社会主义道路、理论、制度和文化

自改革开放以来，我们取得一切成绩和进步的根本原因，归结起来就是：开辟了中国特色社会主义道路，形成了中国特色社会主义理论体系，确立了中国特色社会主义制度，发展了中国特色社会主义文化。

1. 中国特色社会主义道路

中国特色社会主义道路是实现社会主义现代化、创造人民美好生活的必由之路，是实现中华民族伟大复兴的必由之路。这一道路，既坚持以经济建设为中心，又全面推进经济、政治、文化、社会、生态文明建设以及其他各方面建设；既坚持四项基本原则，又坚持改革开放；既不断解放和发展社会生产力，又逐步实现全体人民共同富裕、促进人的全面发展。习近平总书记指出：“当代中国的伟大社会变革，不是简单延续我国历史文化的母版，不是简单套用马克思主义经典作家设想的模板，不是其他国家社会主义实践的再版，也不是国外现代化发展的翻版。”实践证明，中国特色社会主义道路是一条既符合中国国情，又适合时代发展要求并取得巨大成功的唯一正确道路。只有这条道路而没有别的道路，能够引领中国进步、增进人民福祉、实现民族复兴。

2. 中国特色社会主义理论体系

中国特色社会主义理论体系是指导党和人民实现中华民族伟大复兴的正确理论，是立足时代前沿、与时俱进的科学理论。这一理论体系包括邓小平理论、“三个代表”重要思想、科学发展观、习近平新时代中国特色社会主义思想。这一理论体系，紧密结合我国改革发展实际，紧密结合新的时代条件，既生动而具体地坚持了马克思列宁主义、毛泽东思想，又生动而具体地发展了马克思列宁主义、毛泽东思想，赋予马克思主义新的鲜活力量，写出了科学社会主义的“新版本”。习近平总书记强调，马克思列宁主义、毛泽东思想一定不能丢，丢了就丧失根本。同时，一定要以我国改革开放和社会主义现代化建设的实际问题、以我们正在做的事情为中心，着眼于马克思主义理论的运用，着眼于对实际问题的理论思考，着眼于新的实践和新的发展，不断开辟马克思主义中国化新境界。

3. 中国特色社会主义制度

中国特色社会主义制度是当代中国发展进步的根本制度保障，是具有明显制度优势、强大自我完善能力的先进制度。这一制度，坚持把根本政治制度、基本政治制度同法律体系、基本经济制度以及各方面体制机制等具体制度有机结合起来，坚持把国家层面民主制度同基层民主制度有机结合起来，坚持把党的领导、人民当家作主、依法治国有机结合起来，既坚持了社会主义的根本性质，又借鉴了古今中外制度建设的有益成果，符合我国国情，集中体现了中国特色社会主义的特点和优势。同时应当看到，中国特色社会主义制度是特色鲜明、富有效率的，但还不是尽善尽美、成熟定型的。中国特色社会主义事业不断发展，中国特色社会主义制度也需要不断完善。要坚持以实践基础上的理论创新推动制度创新，坚持和完善现有制度，从实际出发，及时制定一些新的制度，构建系统完备、科学规范、运行有效的制度体系，使各方面制度更加成熟、更加定型。

4. 中国特色社会主义文化

中国特色社会主义文化积淀着中华民族最深沉的精神追求，代表着中华民族独特的精神标识，是激励全党全国各族人民奋勇前进的强大精神力量。这一文化，源自中华民族五千多年文明历史所孕育的中华优秀传统文化，熔铸于党领导人民在革命、建设、改革中创造的革命文化和社会主义先进文化，植根于中国特色社会主义伟大实践。我们党将中国特色社会主义文化同中国特色社会主义道路、理论、制度一道作为中国特色社会主义的重要组成部分，强调要坚定文化自信，充分体现了高度的文化自觉和文化担当。要坚持以马克思主义为指导，推动中华优秀传统文化创造性转化、创新性发展，继承革命文化，发展社会主义先进文化，不忘本来、吸收外来、面向未来，更好构筑中国精神、中国价值、中国力量，为人民提供精神指引。

中国特色社会主义道路是实现途径，中国特色社会主义理论体系是行动指南，中国特色社会主义制度是根本保障，中国特色社会主义文化是精神力量，四者统一于中国特色社会主义伟大实践。这是中国特色社会主义最鲜明的特色，必须坚定道路自信、理论自信、制度自信、文化自信。

二、中国特色社会主义是历史的结论、人民的选择

习近平总书记指出："中国特色社会主义不是从天上掉下来的，是党和人民历尽千辛万苦、付出巨大代价取得的根本成就。"中国特色社会主义开创于改革开放

新时期，建立在我们党九十多年长期奋斗的基础上，而其思想、理论和实践的源头，则可追溯到更远。要了解中国特色社会主义形成和发展的脉络，更加充分地认识其历史必然性和科学真理性，应该拉长时间尺度，放在世界社会主义演进的历程中去把握。

1. 科学社会主义创立和发展的历程

19 世纪中叶，马克思、恩格斯深入考察资本主义经济、政治、社会状况，批判地继承了德国古典哲学、英国古典政治经济学和法国、英国空想社会主义的合理成分，提出唯物史观和剩余价值学说，给社会主义思想奠定了科学理论基础，创立了科学社会主义，社会主义由此从空想走向科学。列宁把马克思主义基本原理同俄国具体实际相结合，领导十月革命取得成功，建立了世界上第一个社会主义国家，科学社会主义由此从理论走向实践。第二次世界大战结束后，一批社会主义国家诞生，特别是我们党领导人民建立了社会主义新中国，科学社会主义由此从一国实践走向多国发展。

以毛泽东同志为主要代表的中国共产党人，团结带领全党全国各族人民，经过长期浴血奋斗，完成了新民主主义革命，建立了中华人民共和国，确立了社会主义基本制度，完成了中华民族有史以来最为广泛而深刻的社会变革，为当代中国一切发展进步奠定了根本政治前提和制度基础。在探索过程中，虽然经历了严重曲折，但党在社会主义革命和建设中取得的独创性理论成果和巨大成就，为在新的历史时期开创中国特色社会主义提供了宝贵经验、理论准备、物质基础。

在改革开放历史新时期，以邓小平同志为主要代表的中国共产党人，做出了把党和国家工作重心转移到经济建设上来、实行改革开放的历史性决策，深刻揭示了社会主义本质，确立社会主义初级阶段基本路线，明确提出走自己的路、建设中国特色社会主义，科学地回答了建设中国特色社会主义的一系列基本问题，成功开创了中国特色社会主义。以江泽民同志为主要代表的中国共产党人，在国内外形势十分复杂、世界社会主义出现严重曲折的严峻考验面前，捍卫了中国特色社会主义，确立了社会主义市场经济体制的改革目标和基本框架，确立了社会主义初级阶段的基本经济制度和分配制度，成功把中国特色社会主义推向 21 世纪。以胡锦涛同志为主要代表的中国共产党人，在全面建成小康社会进程中推进实践创新、理论创新、制度创新，强调坚持以人为本、全面协调可持续发展，成功在新的历史起点上坚持和发展了中国特色社会主义。

党的十八大以来，以习近平同志为核心的党中央，准确把握中国特色社会主义的历史新方位、时代新变化、实践新要求，科学地回答了当今时代和当代中国发展提出的重大理论和现实问题，推进中国特色社会主义事业总体布局和战略布局，确立新时代坚持和发展中国特色社会主义的基本方略，统揽伟大斗争、伟大工程、伟大事业、伟大梦想，推动中国特色社会主义进入了新时代。

2. 我们党领导人民进行社会主义建设的两个历史时期

我们党领导人民进行社会主义建设，有改革开放前和改革开放后两个历史时期。这是两个相互联系又有重大区别的时期，但本质上都是我们党领导人民进行社会主义建设的实践探索。改革开放前的社会主义实践探索为改革开放后的社会主义实践探索积累了条件，改革开放后的社会主义实践探索是对前一个时期的坚持、改革、发展。既不能用改革开放后的历史时期否定改革开放前的历史时期，也不能用改革开放前的历史时期否定改革开放后的历史时期。

正确处理改革开放前和改革开放后两个历史时期的关系，不只是一个历史问题，更主要的是一个政治问题。这个重大政治问题处理不好，就会产生严重政治后果。要牢固树立正确历史观，既不能割断历史，也不能虚无历史，坚持做到新民主主义革命的胜利成果绝不能丢失，社会主义革命和建设的成就绝不能否定，改革开放和社会主义现代化建设的方向绝不能动摇。

中国特色社会主义是在改革开放四十多年的伟大实践中得来的，是在新中国成立七十多年的持续探索中得来的，是在我们党领导人民进行伟大社会革命九十多年的实践中得来的，是在近代以来中华民族由衰到盛一百七十多年的历史进程中得来的，是在世界社会主义五百年波澜壮阔的发展历程中得来的，是在对中华文明五千多年的传承发展中得来的。搞清楚世界社会主义思想的源头及其演进，搞清楚中国特色社会主义的历史发展，就能明白，我们党在推进革命、建设、改革的进程中，是怎样经过反复比较和总结，历史地选择了马克思主义、选择了社会主义道路；是怎样把马克思主义基本原理同中国实际和时代特征结合起来，独立自主走自己的道路，迎来了中国特色社会主义从创立、发展到完善的伟大飞跃。

中国特色社会主义，是科学社会主义理论逻辑和中国社会发展历史逻辑的辩证统一，是当代中国大踏步赶上时代、引领时代发展的康庄大道，是中国共产党和中国人民团结的旗帜、奋进的旗帜、胜利的旗帜，必须倍加珍惜、长期坚持、永不动摇。

第二节 中国特色社会主义进入新时代

一、新时代标示我国发展新的历史方位

社会主义从来都是在奋勇开拓中前进的，必定随着形势和条件的变化而不断向前发展。习近平总书记指出："经过长期努力，中国特色社会主义进入了新时代，这是我国发展新的历史方位。"

从发展阶段看，党的十八大以来，改革开放和社会主义现代化建设取得了历史性成就，且我国发展站到了新的历史起点上，中国特色社会主义进入了新的发展阶段。党的理论创新实现了新飞跃，党的执政方式和执政方略有重大创新，发展理念和发展方式有重大转变，发展环境和发展条件有重大变化，发展水平和发展要求也变得更高。

从社会主要矛盾看，我国社会主要矛盾已经由人民日益增长的物质文化需要同落后的社会生产之间的矛盾，转化为人民日益增长的美好生活需要和不平衡不充分的发展之间的矛盾。这一重大历史性变化，对发展全局产生了广泛而深刻的影响。

从奋斗目标看，党的十九大到党的二十大是"两个一百年"奋斗目标的历史交汇期，我们既要全面建成小康社会、实现第一个百年奋斗目标，又要乘势而上开

启全面建设社会主义现代化国家新征程，向第二个百年奋斗目标进军。

从国际地位看，当代中国正处在从大国走向强国的关键时期，已不再是国际秩序的被动接受者，而是积极的参与者、建设者、引领者。世界对中国的关注，从未像今天这样广泛、深切、聚焦；中国对世界的影响，也从未像今天这样全面、深刻、长远。这些重大变化，都需要从新的历史方位、新的时代坐标来科学认识和全面把握。

一个国家、一个民族要振兴，就必须在历史前进的逻辑中前进、在时代发展的潮流中发展。中国特色社会主义进入新时代，既是新中国成立以来特别是改革开放以来我国社会发展进步的必然结果，也是我国社会主要矛盾变化的必然结果，更是我们党团结带领全国各族人民开创光明未来的必然要求。

二、中国特色社会主义进入新时代的重大意义

中国特色社会主义进入新时代，在中华人民共和国发展史上、中华民族发展史上具有重大意义，在世界社会主义发展史上、人类社会发展史上也具有重大意义。这意味着，近代以来久经磨难的中华民族迎来了从站起来、富起来到强起来的伟大飞跃，迎来了实现中华民族伟大复兴的光明前景；科学社会主义在 21 世纪的中国焕发出强大生机活力，在世界上高高举起了中国特色社会主义伟大旗帜；中国特色社会主义道路、理论、制度、文化不断发展，拓展了发展中国家走向现代化的途径，给世界上那些既希望加快发展又希望保持自身独立性的国家和民族提供了全新选择，为解决人类问题贡献了中国智慧和中国方案。

三、中国特色社会主义新时代的特征和内涵

这个新时代，既同改革开放以来的发展历程一脉相承，又体现了很多与时俱进的新特征，内涵丰富、意蕴深远。习近平总书记强调，"新时代是中国特色社会主义新时代，而不是别的什么新时代"。这个新时代，是承前启后、继往开来、在新

的历史条件下继续夺取中国特色社会主义伟大胜利的时代。我们党带领人民成功开创、发展了中国特色社会主义道路，创造了一个个举世瞩目的中国奇迹。在新时代中，我们党治国理政第一位的任务，就是紧紧围绕坚持和发展中国特色社会主义这个主题，适应中国特色社会主义发展的新要求，接力探索，接续奋斗，让社会主义在中国展现出更加强大的生命力。（历史性）

这个新时代是决胜全面建成小康社会、进而全面建设社会主义现代化强国的时代。党的十九大提出在全面建成小康社会的基础上，分"两步走"在 21 世纪中叶建成社会主义现代化强国的战略安排。在新时代中，要坚忍不拔、锲而不舍，统筹推进"五位一体"总体布局，协调推进"四个全面"战略布局，贯彻落实党中央各项部署，确保决胜全面建成小康社会圆满收官，并在此基础上谱写全面建设社会主义现代化国家新篇章。（实践性）

这个新时代是全国各族人民团结奋斗、不断创造美好生活、逐步实现全体人民共同富裕的时代。带领人民创造美好生活、实现共同富裕，是我们党矢志不渝的奋斗目标。在新时代中，要时刻不忘初心，始终把实现好、维护好、发展好最广大人民根本利益作为最高标准，不断提高保障和改善民生水平，不断促进社会公平正义，着力使全体人民享有更加幸福安康的生活，着力在实现全体人民共同富裕上取得实实在在的新进展。（人民性）

这个新时代是全体中华儿女勠力同心、奋力实现中华民族伟大复兴中国梦的时代。实现中华民族伟大复兴，是中国共产党的历史使命。新中国的成立，为民族复兴奠定坚实基础。改革开放新的伟大革命，为民族复兴注入强大生机活力。在新时代中，凝聚起全体中华儿女同心共筑中国梦的磅礴力量，牢记使命、奋发有为、砥砺前行，就一定能够到达民族复兴的光辉彼岸。（民族性）

这个新时代是我国日益走近世界舞台中央、不断为人类做出更大贡献的时代。中国人民历来把自己的前途命运同各国人民的前途命运紧密地联系在一起，中国共产党始终把为人类做出新的更大的贡献作为自己的使命。在新时代中，中国与世界的关系发生了深刻变化，我国同国际社会的互联互动空前紧密，成为促进世界和平与发展的强大力量。必须统筹国内国际两个大局，坚持和平发展道路，推动构建人

类命运共同体。（世界性）

新时代是奋斗者的时代。新时代属于每一个人，每一个人都是新时代的见证者、开创者、建设者。今天，我们实现了从"赶上时代"到"引领时代"的伟大跨越。要不忘初心、牢记使命，以永不懈怠的精神状态和一往无前的奋斗姿态，一以贯之坚持和发展中国特色社会主义，一以贯之推进党的建设新的伟大工程，一以贯之增强忧患意识、防范风险挑战，开新局于伟大的社会革命，强体魄于伟大的自我革命，在广袤国土上继续书写近十四亿中国人民伟大奋斗的历史新篇章。

第三节　新时代坚持和发展中国特色社会主义

一、中国特色社会主义事业总体布局和战略布局

党的十八大以来，我们党形成并统筹推进经济建设、政治建设、文化建设、社会建设、生态文明建设"五位一体"总体布局，形成并协调推进全面建成小康社会、全面深化改革、全面依法治国、全面从严治党"四个全面"战略布局。"五位一体"总体布局和"四个全面"战略布局相互促进、统筹联动，从全局上确立了新时代坚持和发展中国特色社会主义的战略规划和部署。

"五位一体"总体布局，是我们党对社会主义建设规律在实践和认识上不断深化的重要成果。改革开放以来，随着经济社会发展和实践深入，从物质文明、精神文明"两个文明"，到经济、政治、文化建设"三位一体"，经济、政治、文化、社会建设"四位一体"，再到"五位一体"，这是重大理论和实践创新，更带来了发展理念和发展方式的深刻转变。"五位一体"各个方面相互联系、相互促进、不可分割，共同构筑起中国特色社会主义事业的全局。要按照"五位一体"总体布

局的整体性目标要求，坚持以经济建设为中心，促进经济、政治、文化、社会、生态文明建设各个方面相协调，推动生产关系与生产力、上层建筑与经济基础相适应，推进中国特色社会主义事业全面发展、全面进步。

"四个全面"战略布局，是我们党站在新的历史起点上把握我国发展新特征确定的治国理政新方略，是新的时代条件下推进改革开放和社会主义现代化建设、坚持和发展中国特色社会主义的战略抉择。这一战略布局，是从我国发展现实需要中得出来的，是从人民群众的热切期待中得出来的，也是为推动解决我们面临的突出矛盾和问题提出来的。党的十八届三中、四中、五中、六中全会相继就全面深化改革、全面依法治国、全面建成小康社会、全面从严治党进行了专题研究，完成了"四个全面"战略布局顶层设计。

"四个全面"战略布局既有战略目标又有战略举措，每个"全面"相互之间具有紧密的内在逻辑，是一个整体战略部署的有序展开。全面建成小康社会是战略目标，在"四个全面"中居于引领地位；全面深化改革、全面依法治国、全面从严治党是三大战略举措，为如期全面建成小康社会提供重要保障。三大战略举措对于实现全面建成小康社会战略目标一个都不能缺。不全面深化改革，发展就缺少动力，社会就没有活力；不全面依法治国，国家生活和社会生活就不能有序运行，就难以实现社会和谐稳定；不全面从严治党，党就做不到"打铁必须自身硬"，就难以发挥好领导核心作用。要深刻认识"四个全面"之间的有机联系，将其作为具有内在理论和实践逻辑关系的统一体来把握和理解，努力做到相辅相成、相互促进、相得益彰。

面对新时代的新要求，必须坚持稳中求进工作总基调，统筹推进"五位一体"总体布局，协调推进"四个全面"战略布局，抓住战略重点，实现关键突破。要紧紧扭住全面建成小康社会这个战略目标不动摇，紧紧扭住全面深化改革、全面依法治国、全面从严治党三个战略举措不放松。在推动经济发展的基础上，建设社会主义市场经济、民主政治、先进文化、和谐社会、生态文明，协同推进人民富裕、国家强盛、中国美丽。

二、新时代坚持和发展中国特色社会主义要一以贯之

中国共产党的历史，就是一部党领导人民持续进行伟大社会革命的历史。习近平总书记指出："新时代中国特色社会主义是我们党领导人民进行伟大社会革命的成果，也是我们党领导人民进行伟大社会革命的继续，必须一以贯之进行下去。"

中国特色社会主义事业作为前无古人的开创性事业，前进道路不可能一帆风顺。要看到，经过几十年的理论和实践探索，我们对社会主义的认识，对中国特色社会主义规律的把握，已经达到了一个前所未有的新高度，这一点不容置疑。同时要看到，我国社会主义还处在初级阶段，我们还面临很多没有弄清楚的问题和待解的难题，对许多重大问题的认识和处理都还处在不断深化的过程之中，这一点也不容置疑。对事物的认识需要一个过程，对社会主义这个在中国只实践了几十年的新事物，我们的认识和把握还非常有限。事业越发展、改革越深入，新情况、新问题就会越多，面临的风险和挑战就会越多，面对的不可预料的事情就会越多。必须坚持马克思主义的发展观点，发挥历史的主动性和创造性，锐意进取、大胆探索，不断有所发现、有所创造、有所前进。

坚持好、发展好中国特色社会主义，是无比崇高的事业，需要一代又一代中国共产党人带领人民接续奋斗。我们这一代共产党人的任务，就是要把新时代坚持和发展中国特色社会主义这场伟大社会革命进行好。要坚持以习近平新时代中国特色社会主义思想为指导，在实践中奋勇开拓、深化发展，不断丰富中国特色社会主义的实践特色、理论特色、民族特色、时代特色，在新的历史条件下把党和国家各项事业继续推向前进。

要全面把握中国特色社会主义进入新时代的新要求，更好把握国内外形势发展变化，更好贯彻党的理论和路线方针政策，不断提高党和国家事业发展水平。全面学习贯彻马克思主义中国化最新成果，自觉运用理论指导实践，使各方面工作更符合客观规律的要求，不断提高全党马克思主义理论水平。完成全面建成小康社会的各项任务，抓重点、补短板、强弱项，不断提高社会主义现代化建设水平。全面推

进各领域和各方面改革，不断推进理论创新、制度创新、科技创新、文化创新以及其他各方面创新，坚决破除一切不合时宜的思想观念和体制机制弊端，不断提高国家治理体系和治理能力现代化水平。全面落实以人民为中心的发展思想，坚持把人民群众关心的事当作自己的大事，多谋民生之利，多解民生之忧，不断提高保障和改善民生水平。全面推进党的建设新的伟大工程，按照新时代党的建设总要求，坚持和加强党的全面领导，不断提高全面从严治党水平。

历史和现实都告诉我们，一场社会革命要取得最终胜利，往往需要一个漫长的历史过程。昨天的成功并不代表着今后能够永远成功，过去的辉煌并不意味着未来可以永远辉煌。我们绝不能因为胜利而骄傲、绝不能因为成就而懈怠、绝不能因为困难而退缩，必须勇于改革创新，勇于迎难而上，勇于担当尽责，不断交出新时代坚持和发展中国特色社会主义的合格答卷。

思考题

1. 如何理解中国特色社会主义道路、理论、制度和文化的内容及其内在关系？

2. 为什么说中国特色社会主义是历史的结论和人民的选择？

3. 如何认识中国特色社会主义进入新时代？

4. 你认为新时代怎样坚持和发展中国特色社会主义？

第二章

新时代坚持和发展中国特色社会主义的
根本立场和领导力量

第一节 坚持以人民为中心的根本立场

人民是历史的创造者，是决定党和国家前途命运的根本力量。新时代坚持以人民为中心的根本立场，必须把人民对美好生活的向往作为奋斗目标，依靠人民创造历史伟业，朝着实现全体人民共同富裕的目标不断迈进，把党的群众路线贯彻到治国理政全部活动之中。

一、永远把人民对美好生活的向往作为奋斗目标

为人民谋幸福是中国共产党人的初心。习近平总书记指出："人民对美好生活的向往，就是我们的奋斗目标。"必须始终把人民放在心中最高的位置，始终全心全意为人民服务，始终为人民利益和幸福而努力奋斗。人民性是马克思主义最鲜明的品格。始终同人民在一起，为人民利益而奋斗，是马克思主义政党同其他政党的

根本区别。中国共产党作为马克思主义政党，党性和人民性从来都是一致的、统一的，除了国家、民族、人民的利益，没有任何自己的特殊利益。不谋私利才能谋根本、谋大利，才能从党的性质和根本宗旨出发，从人民根本利益出发，全心全意为人民服务。

纵观历史，我们党干革命、搞建设、抓改革，都是为人民谋利益，让人民过上好日子。党领导人民"打土豪、分田地"，是为人民根本利益而斗争；领导人民开展抗日战争、赶走日本侵略者，是为人民根本利益而斗争；领导人民推翻三座大山、建立新中国，是为人民根本利益而斗争；领导人民开展社会主义革命和建设、改变一穷二白的国家面貌，是为人民根本利益而斗争；领导人民实行改革开放、推进社会主义现代化、实现中华民族伟大复兴，同样是为人民根本利益而斗争。

对幸福生活的追求是推动人类文明进步最持久的力量。进入新时代后，人民对美好生活的向往更加强烈，期盼有更好的教育、更稳定的工作、更满意的收入、更可靠的社会保障、更高水平的医疗卫生服务、更舒适的居住条件、更优美的环境、更丰富的精神文化生活，期盼孩子们能成长得更好、工作得更好、生活得更好。我们要永远保持共产党人的奋斗精神，永远保持对人民的赤子之心，始终把人民利益摆在至高无上的地位，始终同人民想在一起、干在一起，以人民忧乐为忧乐，以人民甘苦为甘苦，努力为人民创造更美好、更幸福的生活。

二、依靠人民创造历史伟业

人民是历史的创造者，人民是真正的英雄。离开了人民，我们就会一事无成。只有坚持历史唯物主义这一基本原理，才能把握历史前进的基本规律；只有按历史规律办事，才能无往而不胜。

勤劳勇敢的中国人民是中华民族生生不息、发展壮大的脊梁。回望上下五千年，波澜壮阔的中华民族发展史是中国人民书写的，博大精深的中华文明是中国人民创造的，历久弥新的中华民族精神是中国人民培育的，中华民族迎来的从站起来、富起来到强起来的伟大飞跃是中国人民奋斗出来的。必须深刻认识人民群众是历史发展和社会进步的主体力量，紧紧依靠人民创造历史伟业。

　　坚持人民主体地位，充分调动人民积极性，始终是我们党立于不败之地的强大根基。老百姓是天，老百姓是地。中国共产党之所以能够发展壮大，中国特色社会主义之所以能够不断前进，正是因为依靠了人民。谋划发展，最了解实际情况的是人民群众；推动改革，最大的依靠力量也是人民群众。改革开放在认识和实践中的每一次突破和发展，改革开放中每一个新生事物的产生和发展，改革开放每一个方面经验的创造和积累，无不来自亿万人民的实践和智慧。无论遇到任何困难和挑战，只要有人民支持和参与，就没有克服不了的困难，就没有越不过去的坎，就没有完成不了的任务。

　　人民群众有着无尽的智慧和力量，在人民面前，我们永远是小学生。必须充分尊重人民所表达的意愿、所创造的经验、所拥有的权利、所发挥的作用，自觉拜人民为师，向能者求教，向智者问策。要把政治智慧的增长、执政本领的增强、领导艺术的提高深深扎根于人民群众的实践沃土中，不断从人民群众中吸取营养和力量。始终与人民心心相印、与人民同甘共苦、与人民团结奋斗，使全体人民都满腔热情地投身到建设祖国的美好未来和创造自己的幸福生活中去。

　　习近平总书记指出："时代是出卷人，我们是答卷人，人民是阅卷人。"人民是我们党的工作的最高裁决者和最终评判者。党的执政水平和执政成效都不是由自己说了算，必须而且只能由人民来评判，最终都要看人民是否真正得到了实惠，人民生活是否真正得到了改善，人民权益是否真正得到了保障。在新时代中，我们面临的挑战和问题依然严峻复杂，党面临的"赶考"远未结束。要坚持把人民拥护不拥护、赞成不赞成、高兴不高兴、答应不答应作为衡量一切工作得失的根本标准，努力向历史、向人民交出新的更加优异的答卷。

三、朝着实现全体人民共同富裕的目标不断迈进

　　共同富裕是马克思主义的一个基本目标。按照马克思、恩格斯的构想，共产主义社会将彻底消除阶级之间、城乡之间、脑力劳动和体力劳动之间的对立和差别，

实行各尽所能、按需分配，真正实现社会共享、实现每个人自由而全面的发展。到那时，"生产将以所有的人富裕为目的"，"所有人共同享受大家创造出来的福利"。实现共同富裕，反映了社会主义的本质要求，体现了以人民为中心的根本立场。

我们党始终带领人民为创造美好生活、实现共同富裕而不懈奋斗。毛泽东同志在新中国成立之初就提出了我国发展富强的目标，指出"这个富，是共同的富，这个强，是共同的强，大家都有份"。邓小平同志多次强调共同富裕，指出"社会主义不是少数人富起来、大多数人穷，不是那个样子。社会主义最大的优越性就是共同富裕，这是体现社会主义本质的一个东西。"江泽民同志强调："实现共同富裕是社会主义的根本原则和本质特征，绝不能动摇。"胡锦涛同志也要求"使全体人民共享改革发展成果，使全体人民朝着共同富裕的方向稳步前进。"

进入新时代后，我们走上了创造美好生活、逐步实现全体人民共同富裕的新征程。习近平总书记指出，共同富裕是中国特色社会主义的根本原则，实现共同富裕是我们党的重要使命。他还强调，"我们追求的发展是造福人民的发展，我们追求的富裕是全体人民共同富裕"，要"让发展成果更多更公平惠及全体人民，不断促进人的全面发展，朝着实现全体人民共同富裕不断迈进。"

经过长期艰苦奋斗，我们党在实践中形成了先富带动后富、逐步实现共同富裕的规律性认识，推动人民生活质量和社会共享水平显著提升。粮票、布票、肉票、鱼票、油票、豆腐票、副食本、工业券等百姓生活曾经离不开的票证，已经进入了历史博物馆。忍饥挨饿、缺吃少穿、生活困顿这些几千年来困扰我国人民的问题总体上一去不复返了，中国人民迎来了从温饱不足到小康富裕的伟大飞跃。

实现全体人民共同富裕的宏伟目标最终靠的是发展。发展是基础，唯有发展才能满足人民对美好生活的热切向往。没有发展，就没有扎扎实实的发展成果，共同富裕就无从谈起。

要毫不动摇坚持发展是硬道理、发展应该是科学发展和高质量发展的战略思想，举全民之力推进中国特色社会主义事业，不断把"蛋糕"做大。同时，还要在不断发展的基础上把促进社会公平正义的事情做好，把不断做大的"蛋糕"分好，让社会主义制度的优越性更加充分体现出来，让实现全体人民共同富裕在广大人民现实生活中更加充分展示出来。绝不能出现"富者累巨万，而贫者食糟糠"的现象。

实现全体人民共同富裕的目标需要一个很长的历史过程，是由一个一个阶段性目标逐步达成的。我国正处于并将长期处于社会主义初级阶段，我们不能做超越阶段的事情，但也不是说在逐步实现共同富裕方面就无所作为，而是要根据现有条件把能做的事情尽量做起来，积小胜为大胜，不断朝着全体人民共同富裕的目标前进。

四、群众路线是党的生命线和根本工作路线

习近平总书记指出："群众路线是我们党的生命线和根本工作路线，是我们党永葆青春活力和战斗力的重要传家宝。"无论过去、现在和将来，我们都要坚持一切为了群众，一切依靠群众，从群众中来，到群众中去，把党的正确主张变为群众的自觉行动，把群众路线贯彻到治国理政全部活动之中。

坚持群众路线，核心的问题是党要始终保持同人民群众的血肉联系，一刻也不脱离群众。密切联系群众，是党的性质和宗旨的体现。我们党是在同人民群众的密切联系中成长、发展、壮大起来的，是靠宣传群众、组织群众、依靠群众起家，从胜利走向胜利的。党的最大政治优势是密切联系群众，党执政后的最大危险是脱离群众。能否保持党同人民群众的血肉联系，决定着党的事业的成败。要从政治的高度深刻认识密切联系群众的重要性，在任何时候任何情况下，与人民群众同呼吸共命运的立场不能变，全心全意为人民服务的宗旨不能忘，坚信群众是真正英雄的历史唯物主义观点不能丢。

群众路线是我们党始终坚持的根本工作方法。党的领导工作的正确方法就是将群众意见集中起来形成正确的决策，又到群众中宣传解释，将决策化为群众的行动，并在群众实践中检验这些决策是否正确。

坚持走群众路线，绝不是喊喊口号走走过场，而是要诚心诚意、实打实做。要善于通过提出并贯彻正确的理论和路线方针政策带领人民前进，善于从人民的实践

创造和发展要求中完善政策主张，善于从群众中寻找解决问题的方案和办法，使做出的决策和决策的执行充分体现民心民意。深入研究新形势下群众工作的规律和特点，把党的优良传统和新技术新手段结合起来，学会通过网络走群众路线，提高做好群众工作的本领。

贯彻党的群众路线，"知"是基础、是前提，"行"是重点、是关键。必须以知促行、以行促知，做到知行合一，既解决认识提高问题，又解决行动自觉问题，使群众路线落地稳、扎根深，融入经济社会发展全过程，贯穿到党的全部工作中。

第二节　坚持中国共产党对一切工作的领导

党政军民学，东西南北中，党是领导一切的。必须增强政治意识、大局意识、核心意识、看齐意识，坚决维护习近平总书记党中央的核心、全党的核心地位，坚决维护党中央权威和集中统一领导，完善坚持党领导的体制机制，提高党把方向、谋大局、定政策、促改革的能力和定力，确保党始终总揽全局、协调各方。

一、党政军民学，东西南北中，党是领导一切的

中国特色社会主义最本质的特征是中国共产党领导，中国特色社会主义制度的最大优势是中国共产党领导。习近平总书记指出："党政军民学，东西南北中，党是领导一切的，是最高的政治领导力量。"中国共产党是中国特色社会主义事业的领导核心。党的领导是做好党和国家各项工作的根本保证，是战胜一切困难和风险的"定海神针"。坚持党对一切工作的领导，是党和国家的根本所在、命脉所在，是全国各族人民的利益所在、幸福所在。必须增强政治意识、大局意识、核心意识、看齐意识，坚定道路自信、理论自信、制度自信、文化自信，坚决维护习近平

总书记党中央的核心、全党的核心地位，坚决维护党中央权威和集中统一领导，保证全党团结统一和行动一致，确保党始终总揽全局、协调各方。

党的领导地位不是自封的，是历史和人民选择的，是由党的性质决定的，是由我国宪法明文规定的。中国共产党是中国工人阶级的先锋队，同时是中国人民和中华民族的先锋队，在推动中国历史前进中发挥着无可替代的领导核心作用。深入了解中国近代以来的历史，不难发现，如果没有中国共产党领导，我们的国家、我们的民族不可能取得今天这样的成就，也不可能具有今天这样的国际地位。历史和人民选择中国共产党领导中华民族伟大复兴的事业是正确的。我国宪法以国家根本法的形式，确认了党领导人民进行革命、建设、改革的伟大斗争和根本成就，确认了中国共产党的执政地位，确认了党在国家政权结构中总揽全局、协调各方的核心地位，为我们党长期执政提供了根本法律依据。

党的领导必须是全面的、系统的、整体的。习近平总书记对党的领导核心作用作了鲜明生动的阐述，他强调："形象地说是'众星捧月'，这个'月'就是中国共产党。"国家治理体系是由众多子系统构成的复杂系统，这个系统的核心是中国共产党，人大、政府、政协、监委、法院、检察院、军队，各民主党派和无党派人士，各企事业单位，工会、共青团、妇联等群团组织，都要坚持中国共产党领导。

加强党对一切工作的领导，这一要求不是空洞的、抽象的，要落实到改革发展稳定、内政外交国防、治党治国治军等各个领域、各个方面、各个环节。哪个领域、哪个方面、哪个环节缺失了弱化了，都会削弱党的力量，损害党和国家事业。在坚持党的领导这个重大原则问题上，我们脑子要特别清醒、眼睛要特别明亮、立场要特别坚定，绝不能有任何含糊和动摇。

党政关系既是重大理论问题，也是重大实践问题。改革开放以来，无论我们对党政关系进行了怎样的调整，但有一条是不变的，就是坚持党的领导。处理好党政关系，首先要坚持党的领导，在这个大前提下才是各有分工，而且无论怎么分工，出发点和落脚点都是坚持和完善党的领导。

二、坚决维护习近平总书记党中央的核心、全党的核心地位

确立和维护习近平总书记党中央的核心、全党的核心地位，是全党全国各族人民的共同愿望，是推进全面从严治党、提高党的创造力凝聚力战斗力的迫切要求，是保持党和国家事业发展正确方向的根本保证。

确立和维护无产阶级政党的领导核心，始终是马克思主义建党学说的一个基本观点。马克思曾指出："一个单独的提琴手是自己指挥自己，一个乐队就需要一个乐队指挥。"毛泽东同志指出："要建立领导核心，反对'一国三公'。"邓小平同志强调："任何一个领导集体都要有一个核心，没有核心的领导是靠不住的。"我们这样一个有着近十四亿人口的大国，必须有一个众望所归的领袖；我们这样一个有着近九千万名党员的大党，必须有一个坚强的领导核心。没有党中央的核心、全党的核心，就没有党中央的权威和集中统一领导，就会导致各自为政，那就什么事情都干不成了。

习近平总书记党中央的核心、全党的核心地位，是在新的伟大斗争实践中形成的。党的十八大以来，习近平总书记带领全党全国各族人民接续推进伟大社会革命，开创了中国特色社会主义新时代，开辟了马克思主义中国化新境界，推动党和国家事业取得历史性成就、发生历史性变革，展现出坚定信仰信念、鲜明人民立场、非凡政治智慧、顽强意志品质、强烈历史担当、高超政治艺术，赢得了全党全国各族人民衷心拥护，赢得了国际社会高度赞誉。党的十八届六中全会正式确立习近平总书记党中央的核心、全党的核心地位，党的十九大把习近平总书记党中央的核心、全党的核心地位写入党章，这是历史和人民的共同选择、郑重选择、必然选择，是党和国家之幸、人民之幸、中华民族之幸。

服从核心、维护核心就是服从大局、维护大局，就是最大的政治。全党同志特别是党的领导干部要从事关党和国家前途命运的战略高度，坚决维护习近平总书记党中央的核心、全党的核心地位。要教育引导党员干部从历史和现实、理论和实践、国内和国际的结合上深刻认识、强化认同，不断增强拥护核心、跟随核心、捍

卫核心的思想自觉、政治自觉、行动自觉，始终同以习近平同志为核心的党中央保持高度一致。

三、坚决维护党中央权威和集中统一领导

党中央是大脑和中枢，党和国家大政方针的决定权在党中央。地方和部门的权威来自党中央权威，地方和部门的工作是对党中央决策部署的具体落实。党的任何组织和成员必须以实际行动维护党中央一锤定音、定于一尊的权威，必须服从党中央集中统一领导。习近平总书记强调，坚决维护党中央权威和集中统一领导，是党领导的最高原则，任何时候任何情况下都不能含糊、不能动摇。

党的历史、新中国发展的历史表明，要治理好我们这个大党、治理好我们这个大国，保证党的团结和集中统一至关重要，维护党中央权威至关重要。什么时候党中央有权威，党就有力量。如果党中央没有权威，党的理论和路线方针政策可以随意不执行，党就会变成一盘散沙，就会成为自行其是的"私人俱乐部"，党的领导就会成为一句空话。维护党中央权威和集中统一领导，绝不是一般问题和个人的事，而是方向性、原则性问题，是党性，是大局，关系党、民族、国家前途命运。

维护党中央权威和集中统一领导，必须对党忠诚。对党忠诚，就是要与党中央同心同德，听党指挥、为党尽责，严守党的政治纪律和政治规矩，始终在政治立场、政治方向、政治原则、政治道路上同党中央保持高度一致。对党忠诚，必须体现到对党信仰的忠诚上，必须体现到对党组织的忠诚上，必须体现到对党的理论和路线方针政策的忠诚上。要把维护党中央权威和集中统一领导作为明确的政治准则和根本的政治要求，自觉做到党中央提倡的坚决响应、党中央决定的坚决执行、党中央禁止的坚决不做，执行党中央决策部署不讲条件、不打折扣、不搞变通。维护党中央权威、向党中央看齐，这个逻辑不能层层推下去。核心只有党中央的核心，看齐只能向党中央看齐。

维护党中央权威和集中统一领导，同坚持民主集中制是完全一致的。民主集中制是我们党的根本组织原则和领导制度，是马克思主义政党区别于其他政党的重要标

志。民主集中制包括民主和集中两个方面，两者互为条件、相辅相成、缺一不可。民主是正确集中的前提和基础，离开民主讲集中，集中就成了个人专权专断。集中是民主的必然要求和归宿，离开集中搞民主，就会导致极端民主化和无政府状态。

我们党实行的民主集中制，是又有集中又有民主、又有纪律又有自由、又有统一意志又有个人心情舒畅生动活泼的制度，是民主和集中紧密结合的制度。在充分发扬民主的基础上进行集中，坚持党中央权威和集中统一领导，集中全党智慧，体现全党共同意志，是我们党的一大创举。这样做，既有利于做到科学决策、民主决策、依法决策，避免发生重大失误甚至颠覆性错误；又有利于克服分散主义、本位主义，避免议而不决、决而不行，形成推进党和国家事业发展的强大合力。坚持党中央权威和集中统一领导，不是说不要民主集中制了，不要发扬党内民主了，而是体现了充分发扬民主基础上的正确集中，把这两者对立起来是不对的、有害的。

四、完善坚持党领导的体制机制

坚持党对一切工作的领导，保证国家统一、法制统一、政令统一、市场统一，顺利推进新时代中国特色社会主义各项事业，必须建立健全坚持和加强党的全面领导的制度体系，确保党的领导全覆盖，确保党的领导更加坚强有力。

健全党中央集中统一领导重大工作的体制机制。中央委员会、中央政治局、中央政治局常委会是党的领导决策核心。党中央决策议事协调机构在中央政治局及其常委会领导下开展工作。要优化党中央决策议事协调机构，负责重大工作的顶层设计、总体布局、统筹协调、整体推进。其他方面的议事协调机构，要同党中央决策议事协调机构的设立调整相衔接，保证党中央令行禁止和工作高效。党中央做出的决策部署，所有党组织都要贯彻落实。要强化党的组织在同级组织中的领导地位，理顺党的组织同其他组织的关系，不断增强党的政治领导力、思想引领力、群众组织力、社会号召力。

深化党和国家机构改革。坚持和加强党的全面领导，必须努力从机构职能上解决党对一切工作领导的体制机制问题，解决在党长期执政条件下我国国家治理体系中党政军群的机构职能关系问题，把党的领导贯彻到党和国家机关全面正确履行职责各个领域各个环节中。要构建系统完备、科学规范、运行高效的党和国家机构职能体系，形成总揽全局、协调各方的党的领导体系，职责明确、依法行政的政府治理体系，中国特色、世界一流的武装力量体系，联系广泛、服务群众的群团工作体系等，推动各类机构、各种职能相互衔接、相互融合，推动党和国家各项工作协调行动、高效运行。

严格执行请示报告制度。请示报告制度是我们党的一项重要制度。中央政治局全体同志每年向党中央和总书记书面述职；中央书记处和中央纪律检查委员会、全国人大常委会党组、国务院党组、全国政协党组、最高人民法院党组、最高人民检察院党组每年向中央政治局常委会、中央政治局报告工作；各地区各部门党委（党组）加强向党中央报告工作。研究涉及全局的重大事项或做出重大决定要及时向党中央请示报告，执行党中央重要决定的情况要专题报告。遇有突发性重大问题和工作中重大问题要及时向党中央请示报告。党员、领导干部在涉及重大事项、重要工作、个人有关事项时，要按规定按程序向组织请示报告。要把请示报告和履职尽责统一起来，该请示的必须请示，该报告的必须报告，该负责的必须负责，该担当的必须担当。

五、全面增强党的执政本领

领导近十四亿人的社会主义大国，我们党既要政治过硬，又要本领高强。习近平总书记指出："全党同志特别是各级领导干部，都要有本领不够的危机感，都要努力增强本领，都要一刻不停地增强本领。"从总体上看，与今天我们党和国家事业发展的要求相比，我们的本领有适应的一面，也有不适应的一面。很多同志有做好工作的真诚愿望，也有干劲，但缺乏新形势下做好工作的本领，面对新情况新问题，由于不懂规律、不懂门道、缺乏知识、缺乏本领，还是习惯于用老思路老套路来应对，蛮干盲干，结果是虽然做了工作，有时做得还很辛苦，但不是不对路子，就是事与愿违，甚至搞出一些南辕北辙的事情来。这就叫新办法不会用，老办法不管用，硬办法不敢用，软办法不顶用。如果不抓紧增强本领，久而久之，我们就难以胜任领导改革开放和社会主义现代化建设的繁重任务。

绳短不能汲深井，浅水难以负大舟。党和国家事业越发展，对领导干部的能力要求就越高。党的十九大提出了全面增强执政本领的明确要求。要增强学习本领，在全党营造善于学习、勇于实践的浓厚氛围；增强政治领导本领，科学制定和坚决执行党的路线方针政策；增强改革创新本领，善于结合实际创造性推动工作；增强科学发展本领，善于贯彻新发展理念，不断开创发展新局面；增强依法执政本领，加强和改善对国家政权机关的领导；增强群众工作本领，善于组织动员广大人民群众坚定不移跟党走；增强狠抓落实本领，以钉钉子精神做实做细做好各项工作；增强驾驭风险本领，勇于战胜前进道路上的各种艰难险阻。只有全面增强执政本领，着力提高党把方向、谋大局、定政策、促改革的能力和定力，才能牢牢把握工作主动权。

在中国特色社会主义新时代中，完成伟大事业必须靠党的领导。中国共产党人能不能打仗，新中国的成立已经说明了；中国共产党人能不能搞建设搞发展，改革开放的推进也已经说明了；中国共产党人能不能在日益复杂的国际国内环境下坚持住党的领导、坚持和发展中国特色社会主义，这个还需要一代又一代共产党人继续作出回答。历史和人民把我们党推到了这样的位置，我们就要以坚强有力的政治领导承担起应该承担的政治责任。

第三节　把党建设得更加坚强有力

一、勇于自我革命、从严管党治党是我们党最鲜明的品格

1. 打铁必须自身硬

办好中国的事情，关键在党，关键在坚持党要管党、全面从严治党。全面从严

治党是一场伟大的自我革命。在进行社会革命的同时不断进行自我革命，是我们党区别于其他政党最显著的标志。习近平总书记指出："要把新时代坚持和发展中国特色社会主义这场伟大社会革命进行好，我们党必须勇于进行自我革命，把党建设得更加坚强有力。"

我们党是马克思主义执政党，同时是马克思主义革命党。在领导中国革命、建设、改革九十多年的奋斗历程中，我们党为什么能够在各种政治力量反复较量中脱颖而出？为什么能够始终走在时代前列、成为中国人民和中华民族的主心骨？根本原因在于我们党始终保持了自我革命精神，保持了承认并改正错误的勇气，一次次拿起手术刀来革除自身病症，一次次靠自己解决了自身问题。

历史深刻昭示我们，必须不断进行自我革命，同一切影响党的先进性、弱化党的纯洁性的问题作坚决斗争，实现自我净化、自我完善、自我革新、自我提高。这"四个自我"形成了依靠党自身力量发现问题、纠正偏差、推动创新、实现执政能力整体性提升的良性循环。

2. 治国必先治党，治党务必从严

全面从严治党，核心是加强党的领导，基础在全面，关键在严，要害在治。"全面"就是管全党、治全党，面向全体党员、党组织，覆盖党的建设各个领域、各个方面、各个部门，重点是抓住"关键少数"。"严"就是真管真严、敢管敢严、长管长严。"治"就是从党中央到地方各级党委，从中央部委、国家机关部门党组（党委）到基层党支部，都要肩负起主体责任，党委书记要把抓好党建当作分内之事、必须担当的职责；各级纪委要担负起监督责任，敢于瞪眼黑脸，勇于执纪问责。

党的十八大以来，以习近平同志为核心的党中央以刀刃向内的勇气向党内顽瘴痼疾开刀，以雷霆万钧之势推进全面从严治党，以钉钉子精神把管党治党要求落实落细，清除了党内存在的严重隐患，化解了党面临的严重政治风险，正本清源、拨正船头，保证全党沿着正确航向前进，对党、对国家、对民族都产生了不可估量的深远影响。同时，也要看到，全面从严治党还远未到大功告成的时候。党面临的长期执政考验、改革开放考验、市场经济考验、外部环境考验是长期的、复杂的，党

面临的精神懈怠危险、能力不足危险、脱离群众危险、消极腐败危险是尖锐的、严峻的，党内存在的思想不纯、政治不纯、组织不纯、作风不纯等突出问题尚未得到根本解决。

全面从严治党永远在路上，不能有任何喘口气、歇歇脚的念头。必须始终保持思想上的冷静清醒、增强行动上的勇毅执着，坚定全面从严的政治自觉，不断推动全面从严治党向纵深发展。

3. 党的建设新的伟大工程要开创新局面

中国特色社会主义进入新时代，我们党一定要有新气象新作为，关键是党的建设新的伟大工程要开创新局面。新时代党的建设总要求是：坚持和加强党的全面领导，坚持党要管党、全面从严治党，以加强党的长期执政能力建设、先进性和纯洁性建设为主线，以党的政治建设为统领，以坚定理想信念宗旨为根基，以调动全党积极性、主动性、创造性为着力点，全面推进党的政治建设、思想建设、组织建设、作风建设、纪律建设，把制度建设贯穿其中，深入推进反腐败斗争，不断提高党的建设质量，把党建设成为始终走在时代前列、人民衷心拥护、勇于自我革命、经得起各种风浪考验、朝气蓬勃的马克思主义执政党。

二、政治建设是党的根本性建设

1. 旗帜鲜明讲政治是我们党作为马克思主义政党的根本要求

马克思主义政党具有崇高政治理想、高尚政治追求、纯洁政治品质、严明政治纪律。如果马克思主义政党政治上的先进性丧失了，党的先进性和纯洁性就无从谈起。我们党把政治建设纳入党的建设总体布局并摆在首位，明确了政治建设在新时代党的建设中的战略定位，抓住了全面从严治党的根本性问题。

党的政治建设决定党的建设的方向和效果，不抓党的政治建设或背离党的政治建设指引的方向，党的其他建设就难以取得预期成效。大量事实表明，党内存在的各种问题，从根本上讲，都与政治建设软弱乏力、政治生活不严肃不健康有关。必须加强党的政治建设，增强"四个意识"，坚定"四个自信"，做到"两个维护"，进一步坚定政治信仰，强化政治领导，提高政治能力，净化政治生态，实现全党团结统一、行动一致。

2. 政治方向是党生存发展第一位的问题

我们要坚守的政治方向，就是共产主义远大理想和中国特色社会主义共同理想、"两个一百年"奋斗目标，就是党的基本理论、基本路线、基本方略。加强党的政治建设，就是要发挥政治指南针作用，引导全党把智慧和力量凝聚到新时代坚持和发展中国特色社会主义伟大事业中来，推动全党把坚持正确政治方向贯彻到谋划重大战略、制定重大政策、部署重大任务、推进重大工作的实践中去，确保党和国家各项事业始终沿着正确政治方向前进。

政治立场事关党的政治建设根本。全党必须始终坚定马克思主义立场，坚决站稳党性立场和人民立场。要把对党负责和对人民负责高度统一起来，坚持以党的旗帜为旗帜、以党的方向为方向、以党的意志为意志，始终做到在党言党、在党忧党、在党为党，任何时候都与党同心同德；坚持以人民为中心，践行全心全意为人民服务的根本宗旨，树立真挚的人民情怀，崇尚实干、勤政为民。

营造良好政治生态是一项长期任务，必须作为党的政治建设的基础性、经常性工作。要严格执行新形势下党内政治生活若干准则，增强党内政治生活的政治性、时代性、原则性、战斗性，自觉抵制商品交换原则对党内生活的侵蚀，坚决防止和克服党内政治生活忽视政治、淡化政治、不讲政治的倾向。加强党内政治文化建设，弘扬忠诚老实、公道正派、实事求是、清正廉洁等价值观，以良好政治文化涵养风清气正的政治生态。

在领导干部的所有能力中，政治能力是第一位的。提高政治能力，很重要的一条就是要善于从政治上分析问题、解决问题。只有从政治上分析问题才能看清本质，只有从政治上解决问题才能抓住根本。要不断提高党员领导干部把握方向、把握大势、把握全局的能力，辨别政治是非、保持政治定力、驾驭政治局面、防范政治风险的能力。加强政治能力训练和政治实践历练，把对党忠诚、为党分忧、为党尽职、为民造福作为根本政治担当，永葆共产党人政治本色。

三、补足共产党人精神上的"钙"

1. 思想建设是党的基础性建设

中国共产党的理想信念，就是马克思主义真理信仰、共产主义远大理想和中国特色社会主义共同理想。这是中国共产党人的精神支柱和政治灵魂，也是保持党的团结统一的思想基础。理想信念是共产党人精神上的"钙"。习近平总书记指出："共产党人如果没有信仰、没有理想，或信仰、理想不坚定，精神上就会'缺钙'，就会得'软骨病'，就必然导致政治上变质、经济上贪婪、道德上堕落、生活上腐化。"历史和实践反复证明，一个政党有了远大理想和崇高追求，就会坚强有力，无坚不摧，无往不胜，就能经受一次次挫折而又一次次奋起；一名干部有了坚定的理想信念，站位就高了，心胸就开阔了，就能坚持正确政治方向，做到"风雨不动安如山"。

革命理想高于天。中国共产党从诞生之日起就把马克思主义写在自己的旗帜上，把实现共产主义确立为最高理想。在我们党九十多年的历史中，无数共产党人不惜流血牺牲，靠的就是这种信仰，为的就是这个理想。尽管他们也知道，自己追求的理想并不会在自己手中实现，但他们坚信，只要一代又一代人为之持续努力，一代又一代人为此做出牺牲，崇高的理想就一定能实现。任何一名在党旗下宣过誓的共产党员都必须铭记，为了理想信念，就应该去拼搏、去奋斗、去献出自己的全部精力乃至生命。

当前，大多数党员干部理想信念是坚定的，政治上是可靠的。同时，在我们的干部队伍中，也有的对共产主义心存怀疑，认为那是虚无缥缈、难以企及的幻想；有的不信马列信鬼神，从封建迷信中寻找精神寄托；有的甚至盲目崇拜西方社会制度和价值观念，对社会主义前途命运丧失信心。信念不牢，地动山摇。理想信念动摇是最危险的动摇，理想信念滑坡是最危险的滑坡。一些党员干部出这样那样的问题，说到底是信仰迷茫、精神迷失。

2. 衡量一名党员干部是否具有坚定的理想信念，是有客观标准的

革命战争年代，检验一个干部理想信念坚定不坚定，就看他能不能为党和人民

事业舍生忘死，能不能冲锋号一响立即冲上去，这样的检验很直接。今天，衡量一名党员干部理想信念坚定不坚定，就看他是否能在重大政治考验面前有政治定力，是否能树立牢固的宗旨意识，是否能对工作极端负责，是否能做到吃苦在前、享受在后，是否能在急难险重任务面前勇挑重担，是否能经得起权力、金钱、美色的诱惑。这样的检验需要一个过程，不是一下子、经历一两件事、听几句口号就能解决的，要看长期表现，甚至看一辈子。

理想信念不可能凭空产生，也不可能轻而易举坚守。要练就"金刚不坏之身"，必须用科学理论武装头脑，不断培植我们的精神家园。要深入学习马克思主义基本理论，深入学习习近平新时代中国特色社会主义思想，把理想信念建立在对科学理论的理性认同上，建立在对历史规律的正确认识上，建立在对基本国情的准确把握上。教育引导全党牢记党的宗旨，挺起共产党人的精神脊梁，解决好世界观、人生观、价值观这个"总开关"问题，真正让理想信念成为心中的灯塔，做到虔诚而执着、至信而深厚。

四、贯彻新时代党的组织路线

1. 正确的政治路线要靠正确的组织路线来保证

习近平总书记指出："组织路线对坚持党的领导、加强党的建设、做好党的组织工作具有十分重要的意义。"新时代党的组织路线是：全面贯彻习近平新时代中国特色社会主义思想，以组织体系建设为重点，着力培养忠诚干净担当的高素质干部，着力集聚爱国奉献的各方面优秀人才，坚持德才兼备、以德为先、任人唯贤，为坚持和加强党的全面领导、坚持和发展中国特色社会主义提供坚强组织保证。

党的力量来自组织。党的全面领导、党的全部工作要靠党的坚强组织体系去实现。我们党是按照马克思主义建党原则建立起来的，形成了包括党的中央组织、地方组织、基层组织在内的严密组织体系。这是世界上任何其他政党都不具有的强大优势。基层党组织是党执政大厦的地基，地基固则大厦坚，地基松则大厦倾。针对一些基层党组织弱化、虚化、边缘化问题，要切实在打基础、补短板上下功夫。以提升组织力为重点，突出政治功能，把基层党组织建设成为宣传党的主张、贯彻党的决定、领导基层治理、团结动员群众、推动改革发展的坚强战斗堡垒。

贯彻新时代党的组织路线，建设高素质干部队伍是关键。要建立素质培养体系、知事识人体系、选拔任用体系、从严管理体系、正向激励体系，做好干部培育、选拔、管理、使用工作。坚持党管干部原则，坚持德才兼备、以德为先，坚持五湖四海、任人唯贤，坚持事业为上、公道正派，把"信念坚定、为民服务、勤政务实、敢于担当、清正廉洁"的好干部标准落到实处。坚持正确选人用人导向，匡正选人用人风气，突出政治标准，培养造就一支具有铁一般信仰、铁一般信念、铁一般纪律、铁一般担当的干部队伍。把严管和厚爱、激励和约束结合起来，为那些敢于负责、善于作为、实绩突出的干部撑腰鼓劲，坚决纠正"劣币驱逐良币"的逆淘汰现象。关心爱护基层干部。注重在基层一线和困难艰苦的地方培养锻炼年轻干部。

人才是实现民族振兴、赢得国际竞争主动的战略资源。要坚持党管人才原则，聚天下英才而用之，加快建设人才强国，努力建设一支矢志爱国奉献、勇于创新创造的优秀人才队伍。实行更加积极、更加开放、更加有效的人才政策，以识才的慧眼、爱才的诚意、用才的胆识、容才的雅量、聚才的良方，把党内和党外、国内和国外各方面优秀人才集聚到党和人民的伟大奋斗中来。深化人才发展体制机制改革，完善人才培养机制、改进人才评价机制、创新人才流动机制、健全人才激励机制，最大限度地把广大人才的报国情怀、奋斗精神、创造活力激发出来。

2. 群团事业是党的事业的重要组成部分

必须从巩固党执政的阶级基础和群众基础的政治高度，加强对群团工作的领导，坚定不移走中国特色社会主义群团发展道路。要切实保持和增强党的群团工作的政治性，把群团组织所联系的群众最广泛、最紧密地团结在党的周围。切实保持和增强群团组织的先进性，组织动员广大人民群众走在时代前列，真正成为党执政的坚实依靠力量、强大支持力量、深厚社会基础。切实保持和增强群团组织的群众性，努力为群众排忧解难，成为群众信得过、靠得住、离不开的知心人、贴心人。

五、作风建设永远在路上

1. 党的作风就是党的形象，关系人心向背，关系党的生死存亡

习近平总书记指出："我们党作为马克思主义执政党，不但要有强大的真理力量，而且要有强大的人格力量。真理力量集中体现为我们党的正确理论，人格力量集中体现为我们党的优良作风。"我们党要在中国长期执政，对作风问题任何时候都不能掉以轻心。

在革命、建设、改革长期实践中，我们党始终要求全党同志坚持光荣传统、发扬优良作风，为党和人民事业不断前进提供了重要保障。党的十八大以来，以习近平同志为核心的党中央以踏石留印、抓铁有痕的劲头狠抓作风建设，制定和落实中央八项规定，在全党开展以为民务实清廉为主要内容的党的群众路线教育实践活动，在县处级以上领导干部中开展"三严三实"专题教育，推进"两学一做"学习教育常态化制度化，进一步解决党员队伍在政治、思想、组织、作风、纪律等方面存在的问题，推动党风政风为之一新，党心民心为之大振。

根据党的十九大部署，以县处级以上领导干部为重点，在全党开展"不忘初心、牢记使命"主题教育。要牢牢把握守初心、担使命，找差距、抓落实的总要求，牢牢把握深入学习贯彻习近平新时代中国特色社会主义思想、锤炼忠诚干净担当的政治品格、团结带领全国各族人民为实现伟大梦想共同奋斗的根本任务，努力实现理论学习有收获、思想政治受洗礼、干事创业敢担当、为民服务解难题、清正廉洁作表率的具体目标。习近平总书记指出，这次主题教育是新时代深化党的自我革命、推动全面从严治党向纵深发展的生动实践，促进了全党思想上的统一、政治上的团结、行动上的一致，为我们党统揽"四个伟大"、实现"两个一百年"奋斗目标作了思想上政治上组织上作风上的有力动员，具有重大现实意义和深远历史影响。

2. 作风问题核心是党同人民群众的关系问题

我们党来自人民、植根人民、服务人民，一旦脱离群众，就会失去生命力。加强作风建设，必须紧紧围绕保持党同人民群众的血肉联系，增强群众观念和群众感

情，不断厚植党执政的群众基础。

要始终坚持走群众路线，坚决反对形式主义、官僚主义、享乐主义和奢靡之风。特别要看到，形式主义、官僚主义是目前党内存在的突出矛盾和问题，是阻碍党的路线方针政策和党中央重大决策部署贯彻落实的大敌。形式主义背后是功利主义、实用主义作祟，政绩观错位、责任心缺失。官僚主义背后是官本位思想，严重脱离实际、脱离群众。要把力戒形式主义、官僚主义摆在突出位置来抓，教育引导党员干部牢记党的宗旨，坚持实事求是的思想路线，树立正确政绩观，真抓实干、转变作风。

作风建设永远没有休止符。作风问题具有顽固性和反复性，形成优良作风不可能一劳永逸，克服不良作风也不可能一蹴而就。作风建设是攻坚战、持久战，既要以滚石上山、爬坡过坎的勇气，深化整治、见底见效，又要坚持抓常、抓细、抓长，锲而不舍、持之以恒。

六、使纪律真正成为带电的高压线

1. 加强纪律建设是全面从严治党的治本之策

党要管党、从严治党，靠什么管，凭什么治？就要靠严明纪律和规矩。习近平总书记强调，党面临的形势越复杂、肩负的任务越艰巨，就越要把纪律建设摆在更加突出位置，坚持纪严于法、纪在法前，把纪律和规矩挺在前面。

党的纪律和规矩是党的各级组织、全体党员必须遵守的行为准则。纪律是成文的规矩，一些未明文列入纪律的规矩是不成文的纪律；纪律是刚性的规矩，一些未明文列入纪律的规矩是自我约束的纪律。党的规矩总的包括：党章是全党必须遵循的总章程，也是总规矩；党的纪律特别是政治纪律是全党必须遵守的刚性约束；国家法律是党员干部必须遵守的规矩，全党必须模范执行；党在长期实践中形成的优良传统和工作惯例，经过实践检验，约定俗成、行之有效，需要全党长期坚持并自觉遵循。

严明党的纪律，首先要严格遵守党章。党章是党的根本大法。认真学习党章、严格遵守党章，是全党同志的应尽义务和庄严责任。每一个共产党员都要牢固树立党章意识，自觉用党章规范自己的一言一行，在任何情况下都要做到政治信仰不变、政治立场不移、政治方向不偏。党员领导干部要把学习党章作为必修课，自觉学习党章、遵守党章、贯彻党章、维护党章，真正使党章内化于心、外化于行。

政治纪律是我们党最根本、最重要的纪律，是净化政治生态的重要保证。要把坚决做到"两个维护"作为首要政治纪律，绝不允许在重大政治原则问题上、大是大非问题上同党中央唱反调，搞自由主义。坚持"五个必须"，必须维护党中央权威，绝不允许背离党中央要求另搞一套；必须维护党的团结，绝不允许在党内培植个人势力；必须遵循组织程序，绝不允许擅作主张、我行我素；必须服从组织决定，绝不允许搞非组织活动；必须管好领导干部亲属和身边工作人员，绝不允许他们擅权干政、谋取私利。严肃查处"七个有之"问题，坚决防止党内形成利益集团攫取政治权力、改变党的性质，坚决防止山头主义和宗派主义危害党的团结、破坏党的集中统一。

2. 制定纪律是要执行的，必须使纪律真正成为带电的高压线

习近平总书记指出："遵守党的纪律是无条件的，要说到做到，有纪必执，有违必查，而不能合意的就执行，不合意的就不执行，不能把纪律作为一个软约束或是束之高阁的一纸空文。"对违规违纪、破坏法规制度踩"红线"、越"底线"、闯"雷区"的，要坚决严肃查处，不以权势大而破规，不以问题小而姑息，不以违者众而放任，不留"暗门"、不开"天窗"，坚决防止"破窗效应"。

惩前毖后、治病救人既是我们党的一贯方针，也是党加强自身建设的历史经验。要把维护党的纪律严肃性和信任爱护干部统一起来，体现严管就是厚爱、治病为了救人。充分运用监督执纪"四种形态"，抓早抓小、防微杜渐。加强纪律教育，强化纪律执行，让党员干部知敬畏、存戒惧、守底线，习惯在受监督和约束的环境中工作生活。

七、全方位扎牢制度的笼子

制度事关根本，关乎长远。习近平总书记强调，推进全面从严治党，既要解决思想问题，也要解决制度问题。坚持思想建党和制度治党同向发力，推动党的制度优势更好转化为治国理政的实际效能。

把权力关进制度的笼子里。公权力姓公，也必须为公。只要公权力存在，就必须受到制约，否则就会被滥用。要合理确定权力归属，划清权力边界，厘清权力清单，扎细扎密扎牢制度的笼子。以党章为根本遵循，本着于法周延、于事有效的原则，制定新的法规制度，完善已有的法规制度，废止不适应的法规制度，加快形成覆盖党的领导和党的建设各方面的党内法规制度体系。制度建设重在管用、有效，牛栏关猫是不行的。

健全党和国家监督体系。自我监督是世界性难题，是国家治理的哥德巴赫猜想。全面从严治党的实践证明，我们党自我净化的机制是有效的，完全有能力解决自身存在的问题。要坚持党内监督没有禁区、没有例外，强化自上而下的组织监督，改进自下而上的民主监督，发挥同级相互监督作用，让日常管理监督与党员领导干部如影随形、不留空当。深化政治巡视，建立巡视巡察上下联动的监督网，继续健全派驻机构领导体制和工作机制，加强国家监察，形成纪律监督、监察监督、派驻监督、巡视监督"四个全覆盖"的权力监督格局。

制定制度很重要，更重要的是抓落实。如果不抓落实，只是写在纸上、贴在墙上、锁在抽屉里，制度就会成为稻草人。要坚持制度面前人人平等、制度执行没有特权、制度约束没有例外，坚决维护制度的严肃性和权威性，坚决纠正有令不行、有禁不止的行为，使制度成为硬约束而不是橡皮筋。引导广大党员干部牢固树立法治意识、制度意识、纪律意识，形成尊崇制度、遵守制度、捍卫制度的良好氛围。

八、巩固发展反腐败斗争压倒性胜利

1. 腐败是社会毒瘤，是我们党面临的最大威胁

人民群众最痛恨腐败现象。如果任凭腐败问题愈演愈烈，最终必然亡党亡国。习近平总书记指出："不得罪成百上千的腐败分子，就要得罪十三亿人民。这是一笔再明白不过的政治账、人心向背的账！"党的十八大以来，我们党以猛药去疴、

重典治乱的决心，以刮骨疗毒、壮士断腕的勇气，坚定不移"打虎""拍蝇""猎狐"，不敢腐的目标初步实现，不能腐的笼子越扎越牢，不想腐的堤坝正在构筑，反腐败斗争已经取得压倒性胜利。但是，对反腐败斗争形势的严峻性和复杂性一点也不能低估。我们党全面领导、长期执政，党员干部时刻面临被"围猎"、被腐蚀的风险，腐败存量不少、增量仍在发生。现实一再表明，反腐败斗争不能退，也无处可退，必须坚定不移向纵深推进。反腐败斗争要持续保持高压态势，巩固发展压倒性胜利。

2. 深入推进反腐败斗争

我们党反腐败不是看人下菜的"势利店"，不是争权夺利的"纸牌屋"，也不是有头无尾的"烂尾楼"。必须一刻不停歇深入推进反腐败斗争，激浊扬清、固本培元，不断深化标本兼治。标本兼治，关键在治，治是根本。必须坚持无禁区、全覆盖、"零容忍"，坚持重遏制、强高压、长震慑，有力削减存量、有效遏制增量。重点查处政治问题和经济问题相互交织的腐败案件，坚决打击在党内培植个人势力、结成利益集团、妄图攫取党和国家权力的阴谋行径。坚持"老虎"露头就要打、"苍蝇"乱飞也要拍，严厉整治发生在群众身边的腐败问题。深化反腐败国际合作，推进追逃、防逃、追赃一体化建设，以天罗地网断其后路、绝其幻想。大力加强反腐倡廉教育和廉政文化建设，筑牢拒腐防变思想道德防线，在全社会弘扬清风正气。

深化标本兼治，要着力构建不敢腐、不能腐、不想腐的体制机制。不敢腐，侧重于惩治和威慑，让意欲腐败者在带电的高压线面前不敢越雷池半步；不能腐，侧重于制约和监督，让胆敢腐败者在严格监督中无机可乘；不想腐，侧重于教育和引导，着眼于产生问题的深层原因，让人从思想源头上消除贪腐之念。不敢腐、不能腐、不想腐是一个有机整体，要打通三者内在的联系，一体推进不敢腐、不能腐、不想腐，通过不懈努力换来海晏河清、朗朗乾坤。

思考题

1. 如何理解以人民为中心是新时代坚持和发展中国特色社会主义的根本立场？

2. 为什么说中国共产党领导是中国特色社会主义最本质的特征？

3. 如何理解新时代党的建设总要求？

4. 你认为新时代怎样才能把党建设得更加坚强有力？

第三章

新时代坚持和发展中国特色社会主义的奋斗目标和战略安排

习近平新时代中国特色社会主义思想最重要、最核心的内容就是党的十九大报告概括的"八个明确"。其中，第一个"明确"就是"明确坚持和发展中国特色社会主义，总任务是实现社会主义现代化和中华民族伟大复兴，在全面建成小康社会的基础上，分两步走在 21 世纪中叶建成富强民主文明和谐美丽的社会主义现代化强国"。

第一节　中华民族近代以来最伟大的梦想

一、中华民族近代以来最伟大的梦想

只有创造过辉煌的民族，才懂得复兴的意义；只有经历过苦难的民族，才对复兴有如此深切的渴望。

中华民族创造了灿烂的中华文明，为人类做出了卓越贡献，成为世界上伟大的

民族。鸦片战争后，由于西方列强的入侵和封建统治的腐败，中国逐渐陷入半殖民地半封建社会的黑暗深渊，中国人民经历了战乱频仍、山河破碎、民不聊生的深重苦难。自强不息的中华民族从未放弃对美好梦想的向往和追求。

习近平总书记指出："实现中华民族伟大复兴，就是中华民族近代以来最伟大的梦想。"为了实现这个伟大梦想，中国人民和无数仁人志士进行了千辛万苦的探索和不屈不挠的斗争。可是，从太平天国运动、戊戌变法到义和团运动，一次次奋起抗争都失败了。孙中山先生领导的辛亥革命，虽然结束了统治中国几千年的君主专制制度，对推动中国社会进步具有重大意义，但也未能改变旧中国半殖民地半封建的社会性质和中国人民的悲惨命运。近代中国历史表明，旧式农民战争和软弱的资产阶级革命都不可能完成中华民族救亡图存和反帝反封建的历史任务，更不可能承担起实现民族复兴的历史使命。

中华民族追求梦想的道路艰难曲折。为了实现民族复兴，亿万人魂牵梦萦，几代人上下求索，奋勇不屈的中国人民在黑暗中艰难前行。直到以马克思主义为指导、勇担民族复兴大任的无产阶级政党——中国共产党登上历史舞台，中华民族才终于迎来凤凰涅槃、浴火重生的曙光。

二、中国共产党肩负起实现中华民族伟大复兴的历史使命

历史的长河大浪淘沙，也彰显历史担当者的风采。谁能够承担起实现中华民族伟大复兴的历史使命，谁就能赢得中国人民的衷心拥护。十月革命一声炮响，给中国送来了马克思列宁主义。中国先进分子从马克思列宁主义的科学真理中看到了解决中国问题的出路。近代以后在中国社会的剧烈运动中，在中国人民反抗封建统治和外来侵略的激烈斗争中，在马克思列宁主义同中国工人运动的结合过程中，中国共产党应运而生。从此，中国人民谋求民族独立、人民解放和国家富强、人民幸福的斗争就有了主心骨，中国人民就从精神上由被动转为主动。

中国共产党一经成立，就把实现共产主义作为党的最高理想和最终目标，义无反顾地肩负起实现中华民族伟大复兴的历史使命。在九十多年波澜壮阔的历史进程

中，无论是弱小还是强大；无论是顺境还是逆境，我们党都初心不改、矢志不渝，团结带领人民历经千难万险，付出巨大牺牲，敢于面对曲折，勇于修正错误，攻克了一个又一个看似不可攻克的难关，创造了一个又一个彪炳史册的人间奇迹，谱写了气吞山河的壮丽史诗。

要实现中华民族伟大复兴，必须推翻压在中国人民头上的帝国主义、封建主义、官僚资本主义三座大山，才能实现民族独立、人民解放、国家统一、社会稳定。我们党团结带领人民找到了一条以农村包围城市、武装夺取政权的正确革命道路，进行了28年浴血奋战，打败日本帝国主义，推翻国民党反动统治，完成了新民主主义革命，建立了中华人民共和国，实现了中国从几千年封建专制政治向人民民主的伟大飞跃。

实现中华民族伟大复兴，必须建立符合我国实际的先进社会制度。我们党团结带领人民完成社会主义革命，确立社会主义基本制度，推进社会主义建设，完成了中华民族有史以来最为广泛而深刻的社会变革，为当代中国一切发展进步奠定了根本政治前提和制度基础，实现了中华民族由近代不断衰落到根本扭转命运、持续走向繁荣富强的伟大飞跃。

实现中华民族伟大复兴，必须合乎时代潮流、顺应人民意愿，勇于改革开放，让党和人民事业始终充满奋勇前进的强大动力。我们党团结带领人民进行改革开放新的伟大革命，破除阻碍国家和民族发展的一切思想和体制障碍，极大地激发了广大人民群众的创造性，极大地解放和发展了社会生产力，极大地增强了社会发展活力，形成了中国特色社会主义道路、理论、制度、文化，使中国大踏步赶上时代。

中国共产党领导中国人民取得的伟大胜利，使具有五千多年文明历史的中华民族全面迈向现代化，让中华文明在现代化进程中焕发出新的蓬勃生机；使具有五百年历史的社会主义主张在世界上人口最多的国家成功开辟出具有高度现实性和可行性的正确道路，让科学社会主义在21世纪焕发出新的蓬勃生机；使具有七十年历史的新中国建设取得了举世瞩目的成就，中国这个世界上最大的发展中国家在短短三十多年里摆脱贫困并跃升为世界第二大经济体，彻底摆脱被开除球籍的危险，创造了人类社会历史上惊天动地的发展奇迹，使中华民族焕发出新的蓬勃生机，为实现中华民族伟大复兴展现出无比灿烂的前景。

三、中国梦的本质是国家富强、民族振兴、人民幸福

实现中华民族伟大复兴的中国梦，就是要实现国家富强、民族振兴、人民幸福。这既深深体现了今天中国人的理想，也深深反映了中国人自古以来不懈追求进步的光荣传统。

中国梦视野宽广、内涵丰富、意蕴深远。国家富强，就是要全面建成小康社会，并在此基础上建设富强民主文明和谐美丽的社会主义现代化强国；民族振兴，就是要使中华民族更加坚强有力地自立于世界民族之林，为人类做出新的更大的贡献；人民幸福，就是要坚持以人民为中心，增进人民福祉，促进人的全面发展，朝着共同富裕的方向稳步前进。中国梦把国家的追求、民族的向往、人民的期盼融为一体，体现了中华民族和中国人民的整体利益，表达了每一个中华儿女的共同愿景，其已成为激荡在近十四亿人心中的高昂旋律，成为中华民族团结奋斗的最大公约数和最大同心圆。

中国梦归根结底是人民的梦，必须紧紧依靠人民来实现，必须不断为人民造福。人民是中国梦的主体，是中国梦的创造者和享有者。习近平总书记强调："中国梦不是镜中花、水中月，不是空洞的口号，其最深沉的根基在中国人民心中。"

中国人民是伟大的人民，素来有着深沉厚重的精神追求，具有伟大的梦想精神，即使近代以来饱尝屈辱和磨难，也绝不自甘沉沦，而是始终怀揣民族复兴的梦想，追求光明美好的未来。中国梦的深厚源泉在于人民，根本归宿也在于人民，只有同人民对美好生活的向往结合起来才能取得成功。

中国梦是国家的梦、民族的梦，也是每一个中华儿女的梦。"得其大者可以兼其小。"国家好、民族好，大家才会好。中国梦就是要让每个人获得发展自我和奉献社会的机会，共同享有人生出彩的机会，共同享有梦想成真的机会，共同享有同祖国和时代一起成长与进步的机会。只要每个人都把人生理想融入国家和民族的伟

大梦想之中，把小我融入大我，敢于有梦、勇于追梦、勤于圆梦，就会汇聚起实现中国梦的强大力量。实现中华民族伟大复兴是海内外中华儿女的共同梦想，要团结一切可以团结的力量，共担民族复兴的责任，共享民族复兴的荣耀。

中国梦是中国人民追求幸福的梦，也同世界人民的梦想息息相通。"穷则独善其身，达则兼善天下。"这是中华民族始终崇尚的品德和胸怀。中国一心一意办好自己的事情，实现国家发展和稳定，既是对自己负责，也是为世界作贡献。中国人民深知，中国发展得益于国际社会，愿意同各国人民在实现各自梦想的过程中相互支持、相互帮助。中国将同国际社会一道，推动实现持久和平、共同繁荣的世界梦，为人类和平与发展的崇高事业做出新的更大的贡献！

四、实现伟大梦想必须进行伟大斗争、建设伟大工程、推进伟大事业

今天，我们比历史上任何时期都更接近、更有信心和能力实现中华民族伟大复兴的目标。习近平总书记指出："行百里者半九十。中华民族伟大复兴，绝不是轻轻松松、敲锣打鼓就能实现的。全党必须准备付出更为艰巨、更为艰苦的努力。"

1. 实现伟大梦想，必须进行伟大斗争

社会是在矛盾运动中前进的，有矛盾就会有斗争。我们党要团结带领人民有效应对重大挑战、抵御重大风险、克服重大阻力、化解重大矛盾、解决重大问题，必须进行具有许多新的历史特点的伟大斗争。要牢牢掌握斗争主动权，发扬斗争精神、增强斗争本领，敢于斗争、善于斗争，在事关中国特色社会主义前途命运的大是大非问题上坚定不移，在改革发展稳定工作中敢于碰硬，在全面从严治党上敢于动硬，在维护国家核心利益上敢于针锋相对，不在困难面前低头，不在挑战面前退缩，不拿原则做交易，不在任何压力下吞下损害中华民族根本利益的苦果。充分认识这场伟大斗争的长期性、复杂性、艰巨性，到重大斗争一线去真枪真刀磨砺，以"踏平坎坷成大道，斗罢艰险又出发"的顽强意志，不断夺取伟大斗争的新胜利。

2. 实现伟大梦想，必须建设伟大工程

这个伟大工程就是我们党正在深入推进的党的建设新的伟大工程。历史已经并将继续证明，没有中国共产党的领导，民族复兴必然是空想。我们党要始终成为时代先锋、民族脊梁，始终成为马克思主义执政党，自身必须始终过硬。全党要更加自觉地坚定党性原则，勇于直面问题，敢于刮骨疗毒，消除一切损害党的先进性和纯洁性的因素，清除一切侵蚀党的健康肌体的病毒，确保我们党永葆旺盛生命力和强大战斗力，确保党在世界形势深刻变化的历史进程中始终走在时代前列，在应对国内外各种风险和考验的历史进程中始终成为全国人民的主心骨，在坚持和发展中国特色社会主义的历史进程中始终成为坚强领导核心。

3. 实现伟大梦想，必须推进伟大事业

中国特色社会主义是改革开放以来党的全部理论和实践的主题。我们党紧紧依靠人民，从根本上改变了中国人民和中华民族的前途命运，不可逆转地结束了近代以后中国内忧外患、积贫积弱的悲惨命运，不可逆转地开启了中华民族不断发展壮大、走向伟大复兴的历史进军。全党要始终高举中国特色社会主义伟大旗帜，更加自觉地增强中国特色社会主义自信，不懈探索和把握中国特色社会主义规律，保持政治定力，坚持实干兴邦，始终坚持和发展中国特色社会主义。在近代以来漫长的历史进程中，中国人民经历了太多的磨难，付出了太多的牺牲，进行了太多的拼搏。现在，中国人民和中华民族在历史进程中积累的强大能量已经充分爆发出来了，为实现中华民族伟大复兴提供了势不可当的磅礴力量。

伟大梦想不是等得来、喊得来的，而是拼出来、干出来的。在这个千帆竞发、百舸争流的时代，我们绝不能有半点骄傲自满、故步自封，也绝不能有丝毫犹豫不决、徘徊彷徨，必须统揽伟大斗争、伟大工程、伟大事业、伟大梦想，勇立潮头、奋勇搏击。中华民族伟大复兴的中国梦一定要实现，也一定能够实现。

第二节　全面建成小康社会进入决胜期

一、建设社会主义现代化强国是我们党确立的伟大目标

建设社会主义现代化强国，实现中华民族伟大复兴，是中华民族的最高利益和根本利益。我们党领导中国人民进行的一切奋斗，归根结底都是为了实现这一伟大目标。

新中国成立以后，我们党对社会主义现代化建设进行了艰辛探索。毛泽东同志提出，我们的任务"就是要安下心来，使我们可以建设我们国家现代化的工业、现代化的农业、现代化的科学文化和现代化的国防"。进入改革开放历史新时期，邓小平同志根据新的实际和历史经验确立了我国实现社会主义现代化的正确道路。他指出："我们从八十年代的第一年开始，就必须一天也不耽误，专心致志地、聚精会神地搞四个现代化建设。""我们党在现阶段的政治路线，概括地说，就是一心一意地搞四个现代化。这件事情，任何时候都不要受干扰，必须坚定不移地、一心一意地干下去。"改革开放以来党的历次全国代表大会，都对推进社会主义现代化建设作出战略部署。在实践探索中，我们党取得了加快实现现代化、巩固和发展社会主义的一系列重大成果，极大程度上推进了社会主义现代化建设的历史进程。

在新时代中，围绕如何全面建设社会主义现代化这一重大问题，习近平总书记提出了一系列新思想新观点新的要求。他指出，实现社会主义现代化和中华民族伟大复兴是坚持和发展中国特色社会主义的总任务，要在全面建成小康社会的基础上，分两步走全面建成社会主义现代化强国。他强调，"现代化的本质是人的现代化"，"我们要建设的现代化是人与自然和谐共生的现代化"，要"推进国家治理体系和治理能力现代化"，"要在坚持以经济建设为中心的同时，全面推进经济建设、

政治建设、文化建设、社会建设、生态文明建设，促进现代化建设各个环节、各个方面协调发展"。这些重大战略思想、重大理论观点、重大工作部署，极大地深化了我们党对社会主义现代化建设规律的认识，有力地指导和推动了我国社会主义现代化建设迈出坚实步伐。

我国现代化同西方发达国家有很大不同。西方发达国家是一个"串联式"的发展过程，工业化、城镇化、农业现代化、信息化顺序发展，发展到目前水平用了二百多年时间。我们后来居上决定了我国发展必然是一个"并联式"的过程，工业化、信息化、城镇化、农业现代化是叠加发展的。新中国成立以来特别是改革开放以来，我国用几十年的时间，在发展的很多方面走过了西方发达国家上百年甚至数百年的发展历程。中国人民的成功实践昭示世人，通向现代化的道路不止一条，只要找准正确方向、驰而不息，条条大路通罗马。

中国实现现代化，是人类历史上前所未有的大变革。在人类现代化进程中，实现工业化的国家不超过三十个、人口不超过十亿。我们这个世界上最大发展中国家实现了现代化，意味着比现在所有发达国家人口总和还要多的中国人民将进入现代化行列，其影响将是世界性的。当我国成为世界上第一个不是走资本主义道路，而是走社会主义道路成功建成的现代化强国时，我们党领导人民在中国进行的伟大社会革命将更加充分地展示出其历史意义。

二、决胜全面建成小康社会

全面建成小康社会，是"两个一百年"奋斗目标的第一个百年奋斗目标，是我们党向人民、向历史做出的庄严承诺，是近十四亿中国人民的共同期盼。实现这个宏伟目标，标志着我们向全面建成社会主义现代化强国迈出了至关重要的一步。现在到了一鼓作气、决战决胜的历史时刻，要坚定信心、攻坚克难，确保到2020年全面建成小康社会。

党的十八大以来，以习近平同志为核心的党中央顺应我国经济社会新发展和广大人民群众新期待，提出了全面建成小康社会新的目标要求，赋予了"小康"更高的标准、更丰富的内涵。全面建成小康社会，意味着经济高质量发展、人民生活水平和质量普遍提高、国民素质和社会文明程度显著提高、生态环境质量总体改善、各个方面制度更加成熟更加定型。

全面建成小康社会强调的不仅是"小康"，更重要、更难做到的是"全面"。"小康"讲的是发展水平，"全面"讲的是发展的平衡性、协调性、可持续性。全面小康，是"五位一体"全面进步的小康，要求经济、政治、文化、社会、生态文明建设全面推进，任何一个方面发展滞后，都会影响全面建成小康社会目标的实现。全面小康，是惠及全体人民的小康。没有全民小康，就没有全面小康。在全面小康的路上，一个都不能少。全面小康是城乡区域共同的小康。农村特别是贫困地区，是全面小康最大的短板。没有农村和贫困地区的全面小康，就没有全国的全面小康。打赢脱贫攻坚战，是全面建成小康社会的底线任务。

全面建成小康社会，要实事求是、因地制宜。我国幅员辽阔，各地发展差距较大，生产力发展水平多层次，不可能是"同一水平小康"，完全没有差距是不可能的。全面建成小康社会，既要坚持一定标准，又要防止好高骛远；既要考虑到2020年这个时间节点，又要立足于打基础、谋长远、见成效。

决胜全面建成小康社会，要紧扣我国社会主要矛盾变化，统筹推进经济建设、政治建设、文化建设、社会建设、生态文明建设，坚定实施科教兴国战略、人才强国战略、创新驱动发展战略、乡村振兴战略、区域协调发展战略、可持续发展战略等，坚决打好防范化解重大风险、精准脱贫、污染防治的攻坚战，使全面建成小康社会得到人民认可、经得起历史检验。

决胜阶段最为关键，冲锋时刻愈显奋勇。实现全面建成小康社会的宏伟目标，是我们的历史责任，也是我们的最大光荣。全党全国人民要拧成一股绳、立下愚公志、打赢攻坚战，如期全面建成高质量的小康社会，为全面建成社会主义现代化强国奠定更为牢靠的基础。中国人民将在全面解决温饱问题的基础上，普遍过上殷实宽裕的生活。这将是中国历史上亘古未有的伟大跨越，也是中国对人类社会的伟大贡献。

三、分两步走全面建成社会主义现代化强国

改革开放之后，我们党曾提出社会主义现代化建设"三步走"战略目标，即解决人民温饱问题、人民生活总体上达到小康水平、基本实现现代化。前两个目标已提前实现。在这个基础上，我们党提出，到中国共产党成立一百年时全面建成小康社会，然后再奋斗三十年，到新中国成立一百年时，基本实现现代化，把我国建成社会主义现代化国家。

站在历史新的更高起点上，以习近平同志为核心的党中央综合分析国际国内形势和我国发展条件，对新时代推进社会主义现代化建设做出新的顶层设计，提出从2020 年到 21 世纪中叶，在全面建成小康社会的基础上，分"两步走"全面建成社会主义现代化强国。从全面建成小康社会到基本实现现代化，再到全面建成社会主义现代化强国，是新时代中国特色社会主义发展的战略安排。

第一个阶段，从 2020 年到 2035 年，在全面建成小康社会的基础上，再奋斗十五年，基本实现社会主义现代化。到那时，我国经济实力、科技实力将大幅跃升，跻身创新型国家前列；人民平等参与、平等发展权利得到充分保障，法治国家、法治政府、法治社会基本建成，各个方面的制度更加完善，国家治理体系和治理能力现代化基本实现；社会文明程度达到新的高度，国家文化软实力显著增强，中华文化影响更加广泛深入；人民生活更为宽裕，中等收入群体比例明显提高，城乡区域发展差距和居民生活水平差距显著缩小，基本公共服务均等化基本实现，全体人民共同富裕迈出坚实步伐；现代社会治理格局基本形成，社会充满活力又和谐有序；生态环境根本好转，美丽中国目标基本实现。

第二个阶段，从 2035 年到 21 世纪中叶，在基本实现现代化的基础上，再奋斗十五年，把我国建成富强民主文明和谐美丽的社会主义现代化强国。到那时，我国物质文明、政治文明、精神文明、社会文明、生态文明将全面提升，实现国家治理体系和治理能力现代化，成为综合国力和国际影响力领先的国家，全体人民共同富裕基本实现，我国人民将享有更加幸福安康的生活，中华民族将以更加昂扬的姿态

屹立于世界民族之林。

新时代"两步走"战略安排，把基本实现现代化的时间提前了十五年，提出了全面建成社会主义现代化强国这一更高目标，丰富了"两个一百年"奋斗目标的内涵，发出了实现中华民族伟大复兴中国梦的最强音。做出这一战略安排，是实事求是的、符合实际的，这主要是因为我国发展成就超出预期，同时也充分考虑了我国发展的巨大潜力。形势越好，头脑越要清醒，要把握好实现长远目标和做好当前工作的关系，蹄疾步稳向前推进。

思考题

1. 结合所学理论，谈一谈如何理解新时代实现中华民族伟大复兴的中国梦。

2. 如何把握新时代中国特色社会主义发展的战略安排？

第四章
新时代坚持和发展中国特色社会主义的根本动力和本质要求

党的十八大以来，习近平总书记高举改革开放旗帜，对全面深化改革提出一系列重要论断、做出一系列战略部署，创造性提出全面深化改革的总目标是完善和发展中国特色社会主义制度、推进国家治理体系和治理能力现代化。党的十九大将全面深化改革总目标作为习近平新时代中国特色社会主义思想的重要内容并载入党章，集中体现了全党全国各族人民的共同意愿，极大凝聚起共同推进改革的强大合力，引领了新时代全面深化改革更为波澜壮阔的航程。

第一节　将全面深化改革进行到底

一、改革开放是决定当代中国命运的关键一招

改革开放是我们党的一次伟大觉醒，正是这个伟大觉醒孕育了我们党从理论到实践的伟大创造。改革开放是中国人民和中华民族发展史上一次伟大革命，正是这

个伟大革命推动了中国特色社会主义事业的伟大飞跃。

习近平总书记指出："改革开放是决定当代中国命运的关键一招，也是决定实现'两个一百年'奋斗目标、实现中华民族伟大复兴的关键一招。"改革开放已成为当代中国最鲜明的特色、当代中国共产党人最鲜明的品格。

1978 年 12 月，在党和国家面临何去何从的重大历史关头，我们党召开了十一届三中全会，做出把党和国家工作中心转移到经济建设上来、实行改革开放的历史性决策。从那时以来，中国共产党人和中国人民以一往无前的进取精神和波澜壮阔的创新实践，不断战胜前进道路上各种世所罕见的艰难险阻，推动中国经济实力、综合国力、人民生活水平不断跨上新台阶。党和人民的事业在不断深化改革中波浪式向前推进。

一个时代有一个时代的问题，一代人有一代人的使命。随着改革进入攻坚期和深水区，遇到的阻力越来越大，面对的暗礁、潜流、旋涡越来越多。发展中的问题和发展后的问题、一般矛盾和深层次矛盾交织叠加、错综复杂。容易的、皆大欢喜的改革已经完成了，好吃的肉都吃掉了，剩下的都是难啃的硬骨头。改革开放中的矛盾只能用改革开放的办法来解决。中国要前进，就要全面深化改革。除了全面深化改革，别无他途。

2013 年 11 月，我们党召开了十八届三中全会，对全面深化改革做出总部署、总动员。这次全会，深刻剖析了我国改革发展稳定面临的重大理论和实践问题，阐明了全面深化改革的重大意义和未来走向，实现了改革理论和政策的一系列新的重大突破，凝聚了全党全社会关于全面深化改革的思想共识和行动力量，对推动中国特色社会主义事业发展产生了重大而深远的影响。党的十八届三中全会以来，我们高举改革开放的旗帜，以前所未有的力度推进全面深化改革，啃下了不少硬骨头，闯过了不少急流险滩，改革呈现全面发力、多点突破、蹄疾步稳、纵深推进的局面。

习近平总书记指出："党的十一届三中全会是划时代的，开启了改革开放和社会主义现代化建设历史新时期。党的十八届三中全会也是划时代的，开启了全面深化改革、系统整体设计推进改革的新时代，开创了我国改革开放的全新局面。"

改革开放四十多年来，从开启新时期到跨入 21 世纪，从站上新起点到进入新时代，我们解放思想、实事求是，大胆地试、勇敢地改，干出了一片新天地。

从实行家庭联产承包、乡镇企业异军突起、取消农业税到农村承包地"三权"分置、打赢脱贫攻坚战、实施乡村振兴战略，从兴办深圳等经济特区、沿海沿边沿江沿线和内陆中心城市对外开放到加入世界贸易组织、共建"一带一路"、设立自由贸易试验区、成功举办首届中国国际进口博览会，从"引进来"到"走出去"，从搞好国营大中小企业、发展个体私营经济到深化国资国企改革、发展混合所有制经济，从单一公有制到公有制为主体、多种所有制经济共同发展和坚持"两个毫不动摇"，从传统的计划经济体制到前无古人的社会主义市场经济体制再到使市场在资源配置中起决定性作用、更好发挥政府作用，从以经济体制改革为主到全面深化经济、政治、文化、社会、生态文明体制和党的建设制度改革等，一系列重大改革扎实推进，各项便民、惠民、利民举措持续实施，使改革开放成为当代中国最显著的特征、最壮丽的气象。

改革开放极大地改变了中国的面貌、中华民族的面貌、中国人民的面貌、中国共产党的面貌。实践充分证明，改革开放是党和人民大踏步赶上时代的重要法宝，是坚持和发展中国特色社会主义的必由之路。

改革开放只有进行时，没有完成时。新时代坚持和发展中国特色社会主义，根本动力仍然是全面深化改革。在前进道路上，要进一步解放思想、进一步解放和发展社会生产力、进一步解放和增强社会活力，在更高起点、更高层次、更高目标上推进全面深化改革，将改革开放进行到底。

二、全面深化改革是有方向、有立场、有原则的

全面深化改革往什么方向走，这是一个带有根本性的问题。回答好这一问题，要完整理解和把握全面深化改革总目标。习近平总书记指出，全面深化改革总目标是完善和发展中国特色社会主义制度、推进国家治理体系和治理能力现代化。这两句话是一个统一整体，前一句规定了根本方向，这个方向就是中国特色社会主义道路，而不是其他什么道路；后一句规定了在根本方向指引下完善和发展中国特色社

会主义制度的鲜明指向。两句话都讲，才是完整的、全面的。

制度是关系党和国家事业发展的根本性、全局性、稳定性、长期性问题。历史经验表明，经过长期剧烈的社会变革之后，一个政权要稳定下来，一个社会要稳定下来，必须加强制度建设，而形成比较完备的一套制度往往需要较长甚至很长的历史时期。巩固和发展社会主义制度，还需要一个很长的历史阶段，需要我们几代人、十几代人甚至几十代人坚持不懈地努力奋斗。

今天，摆在我们党面前的一项重大历史任务，就是推动中国特色社会主义制度更加成熟更加定型。可以说，从形成更加成熟更加定型的制度看，我国社会主义实践前半程的主要历史任务是建立社会主义基本制度，并在这个基础上进行改革，现在已经有了很好的基础。我国社会主义实践后半程的主要历史任务是完善和发展中国特色社会主义制度，为党和国家事业发展、为人民幸福安康、为社会和谐稳定、为国家长治久安提供一整套更完备、更稳定、更管用的制度体系。这项工程极为宏大，零敲碎打调整不行，碎片化修补也不行，必须是全面的、系统的改革和改进，是各领域改革和改进的联动和集成。

坚持社会主义市场经济改革方向，是全面深化改革的重要依托。虽然我国社会主义市场经济体制已经初步建立，但市场体系还不健全，市场发育还不充分，特别是政府和市场的关系还要进一步理顺，必须继续朝着加快完善社会主义市场经济体制的目标努力。在全面深化改革中，要坚持以经济体制改革为重点，发挥经济体制改革的牵引作用。

全面深化改革必须以促进社会公平正义、增进人民福祉为出发点和落脚点。如果不能给老百姓带来实实在在的利益，不能创造更加公平的社会环境，改革就失去意义，也不可能持续。要把促进社会公平正义、增进人民福祉作为一面镜子，审视我们各方面体制机制和政策规定，哪里有不符合社会公平正义的问题，哪里就需要改革；哪个领域哪个环节问题突出，哪个领域哪个环节就是改革的重点。创新制度安排，努力克服人为因素造成的有违社会公平正义的现象，保证人民平等参与、平等发展权利。

习近平总书记指出："推进改革的目的是要不断推进我国社会主义制度自我完

善和发展，赋予社会主义新的生机活力。这里面最核心的是坚持和改善党的领导、坚持和完善中国特色社会主义制度，偏离了这一条，那就南辕北辙了。"

改革不是改向，变革不是变色。不实行改革开放死路一条，搞否定社会主义方向的"改革开放"也是死路一条。我们要有主张、有定力。改什么、怎么改必须以是否符合完善和发展中国特色社会主义制度、推进国家治理体系和治理能力现代化的总目标为根本尺度，该改的、能改的我们坚决改，不该改的、不能改的坚决不改，绝不能在根本性问题上出现颠覆性错误。必须充分发挥党总揽全局、协调各方的领导核心作用，坚持走中国特色社会主义道路不动摇，坚持社会主义基本制度不动摇，坚持党的领导不动摇，确保改革开放始终沿着正确方向前进。

三、推进国家治理体系和治理能力现代化

国家治理体系和治理能力是一个国家制度和制度执行能力的集中体现。国家治理体系是在党领导下管理国家的制度体系，包括经济、政治、文化、社会、生态文明和党的建设等各个领域体制机制、法律法规的安排，其是一整套紧密相连、相互协调的国家制度；国家治理能力则是运用国家制度管理社会各方面事务的能力，包括改革发展稳定、内政外交国防、治党治国治军等各个方面。国家治理体系和治理能力是一个有机整体，两者相辅相成，有了好的国家治理体系才能提高国家治理能力，提高国家治理能力才能充分发挥国家治理体系的效能。

纵观社会主义从诞生到现在的历史过程，怎样治理社会主义社会这样的全新社会，在以往的世界社会主义实践中没有解决得很好。新中国成立后，我们党深入思考和探索怎样建设社会主义、怎样治理中国的问题，虽然也发生了严重曲折，但在国家治理体系和治理能力上积累了丰富经验、取得了重大成果。改革开放以来，我们党以全新的角度思考和探索国家治理体系和治理能力问题，实现了政治稳定、经济发展、社会和谐、民族团结，这同世界上一些地区和国家不断出现乱局形成了鲜明对照。

我们的国家治理体系和治理能力总体上是好的，是适应我国国情和发展要求的。但同时也要看到，相比我国经济社会发展要求，相比人民群众期待，相比当今

世界日趋激烈的国际竞争，相比实现国家长治久安，我们在国家治理体系和治理能力方面还有许多不足，有许多亟待改进的地方。真正实现社会和谐稳定、国家长治久安，还是要靠制度，靠我们在国家治理上的高超能力，靠高素质干部队伍。

要适应国家现代化总进程，从各个领域推进国家治理体系和治理能力现代化。既改革不适应实践发展要求的体制机制、法律法规，又不断构建新的体制机制、法律法规，使各方面制度更加科学、更加完善，实现党、国家、社会各项事务治理制度化、规范化、程序化。更加注重治理能力建设，增强按制度办事、依法办事意识，善于运用制度和法律治理国家，把各方面制度优势转化为管理国家的效能，提高党科学执政、民主执政、依法执政水平。

推进国家治理体系和治理能力现代化，绝不是西方化、资本主义化。要借鉴人类政治文明有益成果，但绝不照搬西方政治制度的模式，绝不放弃我国社会主义制度的根本。

四、中国开放的大门只会越开越大

1. 开放也是改革

以开放促改革、促发展，是我国发展不断取得新成就的重要法宝。改革不停顿，开放不止步。习近平总书记强调："中国开放的大门不会关闭，只会越开越大！"开放带来进步，封闭必然落后。开放是当代中国的鲜明标识。改革开放以来，我们坚持对外开放的基本国策，打开国门搞建设，实现了从封闭半封闭到全方位开放的伟大历史转折。中国在对外开放中展现大国担当，成为世界经济增长的主要稳定器和动力源，促进了人类和平与发展的崇高事业。中国不断扩大对外开放，不仅发展了自己，也造福了世界。过去中国经济发展是在开放条件下取得的，未来中国经济发展也必须在更加开放的条件下进行。这是根据中国改革发展客观需要做出的自主选择，有利于推动经济高质量发展，有利于满足人民对美好生活的向往，有利于世界和平、稳定、发展。

当今世界，开放融通的潮流滚滚向前，经济全球化的历史大势不可逆转。融入世界经济是历史大方向。中国经济要发展，就要敢于到世界市场的汪洋大海中去游泳，如果永远不敢到大海中去经风雨、见世面，总有一天会在大海中溺水而亡。只有主动参与、推动引领经济全球化进程，发展更高层次的开放型经济，才能为我国开拓广阔发展空间，为共建开放型世界经济做出更大贡献。

2. 推动全面对外开放

推动全面开放，要以"一带一路"建设为重点，坚持"引进来"和"走出去"并重，遵循共商共建共享原则，加强创新能力开放合作，形成陆海内外联动、东西双向互济的开放格局。坚持公平开放、共赢开放、包容开放，构建公平竞争的内外资发展环境，推动经济全球化朝着普惠共赢方向发展，探索求同存异、包容共生的国际合作新途径。中国对外开放，不是要一家唱独角戏，而是要欢迎各方共同参与；不是要谋求势力范围，而是要支持各国共同发展；不是要营造自己的后花园，而是要建设各国共享的百花园。

开放型世界经济的首要之义是反对保护主义。搞保护主义如同把自己关进黑屋子，看似躲过了风吹雨打，但也隔绝了阳光和空气。打贸易战的结果只能是两败俱伤。习近平总书记指出："世界经济的大海，你要还是不要，都在那儿，是回避不了的。想人为切断各国经济的资金流、技术流、产品流、产业流、人员流，让世界经济的大海退回到一个一个孤立的小湖泊、小河流，是不可能的，也是不符合历史潮流的。"

今日之中国，不仅是中国之中国，而且是世界之中国。未来之中国，必将以更加开放的姿态拥抱世界，必将同世界形成更加良性的互动，带来更加进步和繁荣的中国和世界。

第二节　全面深化改革要坚持正确方法论

习近平总书记指出："改革开放是前无古人的崭新事业，必须坚持正确的方法论，在不断实践探索中推进。"全面深化改革是一个涉及经济社会发展各领域的复杂系统工程，需要统筹谋划各个方面、各个层次、各个要素，注重推动各项改革相互促进、良性互动、协同配合。

一、注重系统性、整体性和协同性

注重系统性、整体性、协同性是全面深化改革的内在要求，也是推进改革的重要方法。要厘清重大改革的逻辑关系，推动有条件的地方和领域实现改革举措系统集成，打好改革"组合拳"，压茬推进重要改革，做到前后呼应、衔接配套。坚持整体推进，讲求整体效果，防止畸重畸轻、单兵突进、顾此失彼。整体推进不是平均用力、齐头并进，而是要注重抓主要矛盾和矛盾的主要方面，注重抓重要领域和关键环节。改革要注意协同，既抓改革方案协同，也抓改革落实协同，更抓改革效果协同，促进各项改革举措在政策取向上相互配合、在实施过程中相互促进、在改革成效上相得益彰。

二、加强顶层设计和"摸着石头过河"相结合

加强顶层设计和"摸着石头过河"相结合，是富有中国特色、符合中国国情的改革方法。"摸着石头过河"就是摸规律，对必须取得突破但一时还不那么有把握的改革，可以试点探索、投石问路，看得很准了再推开。随着改革不断推进，必须加强顶层设计和总体规划，提高改革决策科学性、增强改革措施协调性。"摸着石头过河"和加强顶层设计是辩证统一的，推进局部阶段性改革要在加强顶层设计的前提下进行，加强顶层设计要在推进局部阶段性改革的基础上来谋划。既要加强宏观思考和顶层设计，又要继续鼓励大胆试验、大胆突破，不断把改革引向深入。

三、全面深化改革胆子要大，但步子一定要稳

胆子要大，就是改革再难也要向前推进，敢于担当，敢于啃硬骨头，敢于涉险

滩。步子要稳，就是方向一定要准，行驶一定要稳，尤其是不能犯颠覆性错误。搞改革不可能都是四平八稳、没有任何风险。只要经过充分论证和评估，是符合实际、必须做的，就要大胆地干。胆子大不是蛮干，必须坚持正确方向，稳妥审慎，三思而后行。对一些重大改革，不可能毕其功于一役，要稳扎稳打，做到蹄疾而步稳。

四、改革发展稳定是我国社会主义现代化建设的三个重要支点

改革是经济社会发展的强大动力，发展是解决一切经济社会问题的关键。我国发展走到今天，发展和改革高度融合，发展前进一步就需要改革前进一步，改革不断前进也能为发展提供强劲动力。稳定是改革发展的前提。只有社会稳定，改革发展才能不断推进；只有改革发展不断推进，社会稳定才能具有坚实基础。要坚持把改革的力度、发展的速度和社会可承受的程度统一起来，在保持社会稳定中推进改革发展，通过改革发展促进社会稳定。

五、凡属重大改革都要于法有据

改革和法治如鸟之两翼、车之两轮，相辅相成、相伴而生。要坚持改革决策和立法决策相统一、相衔接，做到改革和法治同步推进，增强改革的穿透力。充分运用法治思维和法治方式，积极发挥法治引导、推动、规范、保障改革的作用。加强对相关立法工作的协调，确保在法治轨道上推进改革。实践证明行之有效的，要及时上升为法律；实践条件还不成熟、需要先行先试的，要按照法定程序做出授权；对不适应改革要求的法律法规，要及时修改和废止。

六、改革重在落实，也难在落实

当前我国改革到了越进越难、越进越险而又不进则退、非进不可的关键时刻，

能否坚定信心、凝聚共识、攻坚克难，确保各项改革举措落地生根，直接决定着改革成败。习近平总书记强调，改革要聚焦、聚神、聚力抓落实，做到紧之又紧、细之又细、实之又实。

改革推进到今天，比认识更重要的是决心，比方法更关键的是担当。领导干部要把抓改革作为一项重大政治责任，争当改革促进派、实干家。什么是改革促进派、实干家？拥护改革、支持改革、敢于担当的就是促进派，把改革抓在手上、落到实处、干出成效的就是实干家。党委主要负责同志要把改革放在更加突出的位置上来抓，既要挂帅，又要出征，亲自抓、带头干，勇于挑最重的担子、啃最硬的骨头，做到重要改革亲自部署、重大方案亲自把关、关键环节亲自协调、落实情况亲自督察。健全正向激励体系，着力强化敢于担当、攻坚克难的用人导向，把那些想改革、谋改革、善改革的干部用起来。

遵循改革规律和特点，建立全过程、高效率、可核实的改革落实机制，实现精确改革。要抓主体责任、抓督办协调、抓督察落实、抓机制完善，确保党中央确定的改革方向不偏离、党中央明确的改革任务不落空。在督察过程中发现的问题，要一竿子插到底，对敷衍塞责、拖延扯皮、落实不力的要严肃追责问责。要把是否促进经济社会发展，是否给人民群众带来实实在在的获得感，作为改革成效的评价标准。

改革是亿万人民自己的事业。要尊重和发挥地方、基层、群众的首创精神，既要鼓励创新、表扬先进，也要允许试错、宽容失败。坚持眼睛向下、脚步向下，了解基层群众所思所想所盼，使改革更接地气。注重加强对改革的正面宣传和舆论引导，为顺利推进改革营造良好环境。

第三节　全面推进依法治国

全面依法治国是中国特色社会主义的本质要求和重要保障，是国家治理的一场深刻革命。党的十八大以来，习近平总书记围绕全面依法治国提出了一系列新理念、新思想、新战略，涵盖了新时代我国法治建设的性质方向、根本保障和总目标、总路径、总任务、总布局等各个方面，深刻回答了中国特色社会主义法治建设的一系列重大问题，为新时代深化依法治国实践，加快建设社会主义法治国家提供了根本遵循。

一、全面依法治国是国家治理的一场深刻革命

全面依法治国是坚持和发展中国特色社会主义的本质要求和重要保障，事关我们党执政兴国，事关人民幸福安康，事关党和国家事业发展。习近平总书记指出，"全面推进依法治国总目标是建设中国特色社会主义法治体系、建设社会主义法治国家"。这个总目标，既明确了全面推进依法治国的性质和方向，又突出了工作重点和总抓手，具有纲举目张的作用。

新中国成立初期，我们党在废除旧法统的同时，积极运用新民主主义革命时期根据地法制建设的成功经验，抓紧建设社会主义法治，初步奠定了社会主义法治的基础。后来，社会主义法治建设走过一段弯路，付出了沉重代价。进入改革开放历史新时期，我们党把依法治国确定为党领导人民治理国家的基本方略，把依法执政确定为党治国理政的基本方式，推动依法治国取得重大成就。

党的十八大以来，我们党对社会主义法治的理论认识和实践探索达到了新的历史高度。以习近平同志为核心的党中央对全面依法治国高度重视，从关系党和国家长治久安的战略高度来定位法治、布局法治、厉行法治，把全面依法治国放在党和国家事业发展全局中来谋划、来推进，社会主义法治国家建设取得了历史性成就。党的十八届四中全会做出了全面推进依法治国的顶层设计，制定了路线图、施工图，在我国社会主义法治史上具有里程碑意义。党的十九大对新时代全面推进依法治国提出了新任务，描绘了到 2035 年基本建成法治国家、法治政府、法治社会的宏伟蓝图。

经验和教训使我们党深刻认识到，法治是治国理政不可或缺的重要手段。习近

平总书记反复强调："法治兴则国家兴，法治衰则国家乱。什么时候重视法治、法治昌明，什么时候就国泰民安；什么时候忽视法治、法治松弛，什么时候就国乱民怨。"在我们这样一个大国，要实现经济发展、政治清明、文化昌盛、社会公正、生态良好，必须把全面依法治国坚持好、贯彻好、落实好。

全面推进依法治国，是解决党和国家事业发展面临的一系列重大问题，解放和增强社会活力、促进社会公平正义、维护社会和谐稳定、确保党和国家长治久安的根本要求。当前，我国改革发展稳定形势总体是好的，但发展不平衡不充分的一些突出问题尚未解决，人民内部矛盾和其他社会矛盾凸显，党风政风也存在一些不容忽视的问题，其中大量矛盾和问题与有法不依、执法不严、违法不究相关。人民群众对法治的要求越来越高，依法治国在党和国家工作全局中的地位更加突出、作用更加重大。全面依法治国，既是立足于解决我国改革发展稳定中的矛盾和问题的现实考量，也是着眼于长远的战略谋划。必须全面推进依法治国，密织法律之网、强化法治之力，为党和国家事业发展提供根本性、全局性、长期性的制度保障，确保我国社会在深刻变革中既生机勃勃又井然有序。

全面推进依法治国是一个系统工程，是国家治理领域一场广泛而深刻的革命。必须坚持依法治国、依法执政、依法行政共同推进，坚持法治国家、法治政府、法治社会一体建设，实现科学立法、严格执法、公正司法、全民守法，不断把法治中国建设推向前进。

二、坚定不移走中国特色社会主义法治道路

1. 全面推进依法治国必须走对路

中国特色社会主义法治道路，是社会主义法治建设成就和经验的集中体现，是建设社会主义法治国家的唯一正确道路。习近平总书记强调，我国法治建设的成就，可以列举出十几条、几十条，但归结起来就是开辟了中国特色社会主义法治道路这一条。在坚持和拓展中国特色社会主义法治道路这个根本问题上，要树立自信、保持定力。

中国特色社会主义法治道路的核心要义，就是要坚持党的领导，坚持中国特色社会主义制度，贯彻中国特色社会主义法治理论。第一，党的领导是中国特色社会主义最本质的特征，是社会主义法治最根本的保证。坚持中国特色社会主义法治道路，最根本的是坚持党的领导。第二，中国特色社会主义制度是中国特色社会主义法治体系的根本制度基础，是全面推进依法治国的根本制度保障。第三，中国特色社会主义法治理论是中国特色社会主义法治体系的理论指导和学理支撑，是全面推进依法治国的行动指南。这三个方面规定和确保了中国特色社会主义法治体系的制度属性和前进方向。

2. 人民是依法治国的主体和力量源泉

我国社会主义制度保证了人民当家作主的主体地位，也保证了人民在全面推进依法治国中的主体地位。要坚持人民主体地位，坚持法治为了人民、依靠人民、造福人民、保护人民。加强人权法治保障，保证人民依法享有广泛权利和自由。把体现人民利益、反映人民愿望、维护人民权益、增进人民福祉落实到依法治国全过程中，使法律及其实施充分体现人民意志。

3. 平等是社会主义法律的基本属性，是社会主义法治的基本要求

坚持法律面前人人平等，必须体现在立法、执法、司法、守法各个方面。任何组织和个人都必须尊重宪法法律权威，都必须在宪法法律范围内活动，都必须依照宪法法律行使权力或权利、履行职责或义务，都不得有超越宪法法律的特权。

4. 坚持依法治国和以德治国相结合

法律是成文的道德，道德是内心的法律。法律和道德都具有规范社会行为、调节社会关系、维护社会秩序的作用，在国家治理中都有其地位和功能。法安天下，德润人心。法治和德治不可分离、不可偏废，必须一手抓法治、一手抓德治。要发挥法治对道德的保障作用，运用法治手段解决道德领域突出问题；强化道德对法治的支撑作用，把道德要求贯彻到法治建设中，实现法律和道德相辅相成、法治和德治相得益彰。

走什么样的法治道路、建设什么样的法治体系，是由一个国家的基本国情决定的。全面推进依法治国，必须从我国实际出发，同推进国家治理体系和治理能力现

代化相适应，既不能罔顾国情、超越阶段，也不能因循守旧、墨守成规。坚持从实际出发，就是要突出中国特色、实践特色、时代特色。要学习借鉴世界上优秀的法治文明成果，但必须坚持以我为主、为我所用，认真鉴别、合理吸收，不能搞"全盘西化"，不能搞"全面移植"，不能照搬照抄。

三、建设中国特色社会主义法治体系

中国特色社会主义法治体系，本质上是中国特色社会主义制度的法律表现形式，是国家治理体系的骨干工程。习近平总书记指出："全面推进依法治国涉及很多方面，在实际工作中必须有一个总揽全局、牵引各方的总抓手，这个总抓手就是建设中国特色社会主义法治体系。"

1. 加快形成完备的法律规范体系

良法是善治的前提。"立善法于天下，则天下治；立善法于一国，则一国治。"要继续完善以宪法为统帅的中国特色社会主义法律体系，把国家各项事业和各项工作纳入法制轨道。坚持立法先行，加快完善法律、行政法规、地方性法规体系，完善社会规范体系，为全面依法治国提供基本遵循。推进科学立法、民主立法、依法立法，使每一项立法都符合宪法精神、反映人民意志、得到人民拥护。把公正、公平、公开原则贯穿立法全过程，完善立法体制机制，坚持立改废释并举，增强法律法规的及时性、系统性、针对性、有效性。

2. 加快形成高效的法治实施体系

法律的生命力在于实施，法律的权威也在于实施。宪法是治国安邦的总章程，是全面依法治国的总依据。坚持依法治国先要坚持依宪治国，坚持依法执政先要坚持依宪执政。坚持依宪治国、依宪执政，就包括坚持宪法确定的中国共产党领导地位不动摇，坚持宪法确定的人民民主专政的国体和人民代表大会制度的政体不动摇。必须明确，我们坚持的依宪治国、依宪执政，与西方所谓的"宪政"本质上是不同的，有一些人打出"宪政"牌，目的是拿"西方宪政"框住我们，用所谓"宪政"否定中国共产党的领导。全面依法治国，要用科学有效、系统完备的制度体系保证宪法实施，维护宪法尊严，把实施宪法提高到新水平。加快建设执法、司法、守法等方面的体制机制，坚持依法行政和公正司法，做到有法必依、执法必严、违法必究，确保法律的全面有效实施。

3. 加快形成严密的法治监督体系

纵观人类政治文明史，权力是一把"双刃剑"，在法治轨道上行使可以造福人民，在法律之外行使则必然祸害国家和人民。没有监督的权力必然导致腐败，这是一条铁律。要加强对权力运行的制约和监督，让人民监督权力，让权力在阳光下运行。加大监督力度，做到有权必有责、用权受监督、违法必追究。加强党内监督、人大监督、民主监督、行政监督、监察监督、司法监督、审计监督、社会监督、舆论监督制度建设，努力形成科学有效的权力运行制约和监督体系，增强监督合力和实效。

4. 加快形成有力的法治保障体系

完善有力的法治保障对全面推进依法治国至关重要。如果没有一系列的保障条件，全面依法治国就难以实现。要切实加强和改进党对全面依法治国的领导，提高依法执政能力和水平，为全面依法治国提供有力的政治和组织保障。着力建设一支忠于党、忠于国家、忠于人民、忠于法律的社会主义法治工作队伍，为全面依法治国提供强有力的人才保障。改革和完善不符合法治规律、不利于依法治国的体制机制，为全面依法治国提供完备的制度保障。

5. 加快形成完善的党内法规体系

党内法规既是管党治党的重要依据，也是建设社会主义法治国家的重要保障。依规治党深入党心，依法治国才能深入民心。要坚持依法治国和依规治党有机统一，完善党内法规制定体制机制，注重党内法规同国家法律的衔接和协调，构建以党章为根本、若干配套党内法规为支撑的党内法规制度体系，提高党内法规执行力。

四、维护社会公平正义、司法公正

公平正义是我们党追求的一个非常崇高的价值，全心全意为人民服务的宗旨决定了我们必须追求公平正义，保护人民权益、伸张正义。全面依法治国，必须紧紧围绕保障和促进社会公平正义来进行。法治不仅要求完备的法律体系、完善的执法机制、普遍的法律遵守，更要求公平正义得到维护和实现。"理国要道，在于公平正直。"老百姓讲"一碗水端平"，如果不端平、端不平，老百姓就会有意见，就会有怨气，久而久之社会和谐稳定就难以实现。必须把社会公平正义这一法治价值追求贯穿到立法、执法、司法、守法的全过程和各个方面，努力让人民群众在每一项法律制度、每一个执法决定、每一宗司法案件中都感受到公平正义。

公正是司法的灵魂和生命。公正司法是维护社会公平正义的最后一道防线。所谓公正司法，就是受到侵害的权利一定会得到保护和救济，违法犯罪活动一定要受到制裁和惩罚。

司法公正对社会公正具有重要引领作用，司法不公对社会公正具有致命破坏作用。如果人民群众通过司法程序不能保证自己的合法权利，那司法就没有公信力，人民群众也不会相信司法。人民群众每一次求告无门、每一次经历冤假错案，损害的都不仅仅是他们的合法权益，更是法律的尊严和权威，是他们对社会公平正义的信心。习近平总书记强调，要懂得"100－1＝0"的道理，一个错案的负面影响足以摧毁九十九个公正裁判积累起来的良好形象。执法司法中万分之一的失误，对当事人就是百分之百的伤害。

1. 推进公正司法，要坚持司法为民，维护人民权益

重点解决好损害群众权益的突出问题，绝不允许对群众的报警求助置之不理，绝不允许让普通群众打不起官司，绝不允许滥用权力侵犯群众合法权益，绝不允许执法犯法造成冤假错案。要构建开放、动态、透明、便民的阳光司法机制，以公开促公正、以透明保廉洁。增强主动公开、主动接受监督的意识，依法及时公开执法司法依据、程序、流程、结果和裁判文书，让"暗箱操作"没有空间，让司法腐败无法藏身，让公平正义的阳光照耀人民心田。

2. 推进公正司法，必须深化司法体制改革

要按照权责统一、权力制约、公开公正、尊重程序的要求，从确保依法独立公正行使审判权检察权、健全司法权力运行机制、完善人权司法保障制度三个方面，着力破解体制性、机制性、保障性障碍，不断提高司法公信力。各级党组织和领导干部都要旗帜鲜明地支持司法机关依法独立公正行使职权，绝不容许利用职权干预司法。司法人员要刚正不阿、勇于担当，敢于依法排除来自司法机关内部和外部的干扰，坚守公正司法的底线。

五、在党的领导下依法治国、厉行法治

全面推进依法治国这件大事能不能办好，最关键的是方向是不是正确、政治保证是不是坚强有力，这其中最重要的就是要正确认识把握党和法的关系。习近平总书记指出："党和法的关系是一个根本问题，处理得好，则法治兴、党兴、国家兴；处理得不好，则法治衰、党衰、国家衰。"

社会主义法治必须坚持党的领导，党的领导必须依靠社会主义法治。在我国，法是党的主张和人民意愿的统一体现，党领导人民制定宪法法律，党领导人民实施宪法法律，党自身必须在宪法法律范围内活动，这就是党的领导力量的体现。党和法、党的领导和依法治国是高度统一的。只有在党的领导下依法治国、厉行法治，人民当家作主才能充分实现，国家和社会生活法治化才能有序推进。

全面推进依法治国，要有利于加强和改善党的领导，有利于巩固党的执政地位、完成党的执政使命，绝不是要虚化、弱化甚至动摇、否定党的领导。有一些人提出诸如"党大还是法大"这样的问题，这是一个政治陷阱，是一个伪命题。少数人之所以热衷于炒作这个命题，是醉翁之意不在酒，是想把党的领导和法治割裂开来、对立起来，最终达到否定、取消党的领导的目的。我们说不存在"党大还是法大"的问题，是把党作为一个执政整体而言的，是指党的执政地位和领导地位而言的，具体到每个党政组织、每个领导干部，必须服从和遵守宪法法律，不能以党自居，不能把党的领导作为个人以言代法、以权压法、徇私枉法的挡箭牌。

对各级党政组织、各级领导干部来说，真正要解决的是"权大还是法大"的问题，这是一个真命题。各级党政组织、各级领导干部手中的权力是党和人民赋予的，是上下左右有界受控的，不是可以为所欲为、随心所欲的。要把厉行法治作为治本之策，把权力运行的规矩立起来、讲起来、守起来，真正做到谁把法律当儿

戏，谁就必然要受到法律的惩罚。

坚持党的领导，不是一句空的口号，必须具体体现在党领导立法、保证执法、支持司法、带头守法上。要加强党对全面依法治国的集中统一领导，确保党的领导贯彻到依法治国全过程和各个方面，不断提高党领导依法治国的能力和水平。

要把依法治国、依法执政、依法行政统一起来，把党总揽全局、协调各方同人大、政府、政协、监察机关、审判机关、检察机关依法依章程履行职能、开展工作统一起来，把党领导人民制定和实施宪法法律同党坚持在宪法法律范围内活动统一起来。要善于使党的主张通过法定程序成为国家意志，善于使党组织推荐的人选通过法定程序成为国家政权机关的领导人员，善于通过国家政权机关实施党对国家和社会的领导，善于运用民主集中制原则维护党和国家权威、维护全党全国团结统一。

全面依法治国必须抓住领导干部这个"关键少数"。我们党领导立法、保证执法、支持司法、带头守法，主要是通过各级领导干部的具体行动和工作来体现、来实现的，他们的信念、决心、行动，对全面推进依法治国具有十分重要的意义。领导干部必须带头尊崇法治、敬畏法律，了解法律、掌握法律，遵纪守法、捍卫法治，厉行法治、依法办事，不断提高运用法治思维和法治方式深化改革、推动发展、化解矛盾、维护稳定的能力。要做尊法学法守法用法的模范，以实际行动带动全社会弘扬社会主义法治精神，建设社会主义法治文化，不断增强人民群众对法律的内心拥护和真诚信仰，使全体人民都成为社会主义法治的忠实崇尚者、自觉遵守者、坚定捍卫者。

思考题

1. 全面深化改革的总目标是什么，如何理解？

2. 谈谈你对全面深化改革正确方法论的理解和认识。

3. 中国特色社会主义法治道路的核心要义是什么？你认为怎样才能走好中国特色社会主义法治道路？

4. 谈谈你对"党大还是法大""权大还是法大"问题的理解和认识。

第五章

以习近平生态文明思想为指导，
共同建设美丽中国

第一节　建设美丽中国的指导思想

自党的十八大以来，以习近平同志为核心的党中央站在坚持和发展中国特色社会主义、实现中华民族伟大复兴中国梦的战略高度，把生态文明建设摆在治国理政的突出位置，形成了习近平生态文明思想。这一思想深刻回答了为什么建设生态文明、建设什么样的生态文明、怎样建设生态文明的重大理论和实践问题，进一步丰富和发展了马克思主义关于人和自然关系的思想，深化了我们党对社会主义建设规律的认识，为建设美丽中国、实现中华民族永续发展提供了根本遵循。这一思想，集中体现了我们党的历史使命、执政理念、责任担当，对新时代加强生态环境保护，推动我国生态文明建设迈入新境界，具有重大的指导意义。

一、习近平生态文明思想的重大意义

人与自然之间的关系是人类社会最基本的关系。马克思主义十分重视人与自然的关系，认为人类是自然的有机组成部分，与自然是统一的有机整体，彼此相互影响、相互制约、紧密联系、不可分割。马克思主义强调，"自然史和人类史就彼此相互制约"，人与自然的关系既深刻影响着人与人的关系，又是人与人的关系的动态反映。资本主义生产以最大限度追求剩余价值为目的，自然条件和生态环境只是资本增殖的手段，并根据资本需要赋予其市场价值。这就决定了在资本主义生产方式居于主导地位的历史条件下，当人与自然关系发生冲突时，必然会牺牲生态环境，以满足资本追求利润最大化、剩余价值最大化的本性，人与自然因此处于高度紧张之中，这是近代进入资本主义社会以来，人类社会不断发生生态危机的深刻制度根源。在社会主义条件下，生产的目的是最大限度满足人民对美好生活的需要，实现人的全面发展，美好的自然条件和生态环境从资本增殖的手段转变为人民美好生活的目的。从根本上讲，只有社会主义制度才能够最终实现人与自然和谐相处的目标，并为积极主动地实现这一目标，不断开辟广阔道路。我们党在社会主义道路上领导经济社会发展，艰辛探索人与自然和谐相处之道，不断深化对生态文明建设规律性的认识，集大成的理论认识和实践经验结晶，就是习近平生态文明思想。

生态文明是人类社会进步的重大成果，是实现人与自然和谐共生的必然要求。加强生态文明建设，不仅是为了解决中国当下面临的生态环境问题，更是为了谋求中华民族的长远发展；不仅是影响发展的重大经济问题，更是事关党执政兴国的重大民生问题、社会问题和政治问题；不仅是推动中国自身发展进步的必然要求，更是推动人类社会发展进步的迫切需要。

1. 从可持续发展看，生态文明建设关系中华民族永续发展

"天育物有时，地生财有限。"生态环境没有替代品，用之不觉，失之难存。当今世界，国家发展模式林林总总，但唯有经济与环境并重、遵循自然发展规律的发展，才是最有价值、最可持续、最具实践意义的发展。几百年来，西方资本主义

国家那种无节制地消耗资源、无限度地污染环境的发展模式，给自然生态系统带来了巨大破坏，在今天已经难以为继。习近平总书记多次引用恩格斯在《自然辩证法》中的论断，告诫人们，人类不要过分陶醉于对自然界的征服。有着近14亿人口的中国建设现代化，绝不能重复"先污染后治理""边污染边治理"的老路，绝不容许"吃祖宗饭、断子孙路"，必须高度重视生态文明建设，走一条绿色、低碳、可持续发展之路。习近平总书记断然指出，"在这个问题上，我们没有别的选择"。要站在为子孙计、为万世谋的战略高度思考谋划生态文明建设，开辟一条顺应时代发展潮流、适合我国发展实际的人与自然和谐共生的光明道路。

2. 从人民的美好生活需要看，生态文明建设关系党的使命宗旨

人民对美好生活的向往，就是我们党的奋斗目标。在新时代中，人民群众对干净的水、清新的空气、安全的食品、优美的生态环境等要求越来越高，只有大力推进生态文明建设，提供更多优质生态产品，才能不断满足人民日益增长的对优美生态环境的需要。我国经济在快速发展的同时也积累下诸多环境问题，且其已成为"民生之患、民心之痛"。习近平总书记对此深切关注、悉心体察，并指出，"广大人民群众热切期盼加快提高生态环境质量"，我们在生态环境方面欠账太多，如果不从现在起就把这项工作紧紧抓起来，将来会付出更大的代价！生态环境里面有很大的政治，既要算经济账，也要算政治账，且要算大账、算长远账，绝不能急功近利、因小失大。

3. 从经济发展方式看，生态文明建设关系我国经济高质量发展和现代化建设

环境保护与经济发展同行，将产生变革性力量。我国经济已由高速增长阶段转向高质量发展阶段。高质量发展是体现新发展理念的发展，是绿色发展成为普遍形态的发展。习近平总书记明确指出，"绿色循环低碳发展，是当今时代科技革命和产业变革的方向，是最有前途的发展领域"。加强生态文明建设，坚持绿色发展，改变传统的"大量生产、大量消耗、大量排放"的生产模式和消费模式，使资源、生产、消费等要素相匹配相适应，是构建高质量现代化经济体系的必然要求，是实现经济社会发展和生态环境保护协调统一、人与自然和谐共生的根本之策。

4. 从全球环境问题看，生态文明建设关系中国的大国生态责任担当

中国是大国，生态环境搞好了，既是自身受益，更是对世界生态环境保护作出的重大贡献。中国虽然正处于全面建成小康社会的关键时期，工业化、城镇化加快发展的重要阶段，发展经济、改善民生任务十分繁重，但仍然以最大决心和最积极态度参与全球应对气候变化，真心实意、真抓实干为全球环境治理、生态安全作贡献，树立起全球生态文明建设重要参与者、贡献者、引领者的良好形象，大大提升了在全球环境治理体系中的话语权和影响力。这为中国的发展赢得了良好的外部舆论环境，也进一步彰显了中国特色社会主义的优越性和说服力、感召力。

自党的十八大以来，习近平总书记创造性提出一系列新理念新思想新战略，在卓越的理论创新和重大成就的厚实基础上，诞生了系统科学、逻辑严密的习近平生态文明思想。我国生态文明建设和生态环境保护从认识到实践之所以发生历史性变革，取得历史性成就，正是归根于习近平生态文明思想的科学指引。

二、习近平生态文明思想的核心原则

在《推动我国生态文明建设迈上新台阶》这篇重要讲话中，习近平总书记科学概括了新时代推进生态文明建设必须坚持的"六项原则"。这"六项原则"是科学自然观、绿色发展观、基本民生观、整体系统观、严密法治观、全球共赢观的集大成，深刻体现了习近平生态文明思想的核心要义，是认识和把握习近平生态文明思想科学严密理论体系的基本原则。

1. 关于坚持人与自然和谐共生

建设好生态文明，首要的是准确把握人与自然的关系，这是核心，也是根本。习近平总书记指出，"人因自然而生，人与自然是一种共生关系"，"自然界是人类社会产生、存在和发展的基础和前提"。在这篇重要讲话中，他再次强调"人与自然是生命共同体"。人类是自然界的一部分，人类不能与自然相对立，不能妄图去统治、征服自然，而要与之和谐共处。破坏了生态环境这一人类生存最为重要的条件，可持续发展就失去了基础。习近平总书记指出："人类发展活动必须尊重自

然、顺应自然、保护自然，否则就会受到大自然的报复。这个规律谁也无法抗拒。"只有尊重自然规律，才能有效防止在开发利用自然上走弯路。我们要建设的现代化是人与自然和谐共生的现代化，既要创造更多物质财富和精神财富以满足人民日益增长的美好生活需要，也要提供更多优质生态产品以满足人民日益增长的优美生态环境需要。必须坚持节约优先、保护优先、自然恢复为主的方针，多谋打基础、利长远的善事，多干保护自然、修复生态的实事，形成节约资源和保护环境的空间格局、产业结构、生产方式、生活方式，构建人与自然和谐发展现代化建设新格局。

2. 坚持绿水青山就是金山银山

绿水青山与金山银山的关系，实质上是经济发展与生态环境保护的关系。在实践中，对两者关系的认识经过了"用绿水青山去换金山银山""既要金山银山也要保住绿水青山""让绿水青山源源不断地带来金山银山"三个阶段，这是一个理论和实践逐步深化的过程，更是对人与自然关系的规律性把握和运用不断深化的过程。习近平总书记指出，坚持绿水青山就是金山银山，是重要的发展理念，也是推进现代化建设的重大原则，必须树立和践行绿水青山就是金山银山的理念。这一科学理念，深刻揭示了保护生态环境就是保护生产力，改善生态环境就是发展生产力的道理，阐明了经济发展与环境保护的辩证统一关系。"鱼逐水草而居，鸟择良木而栖。"如果其他各方面条件都具备，谁不愿意到绿水青山的地方来投资、来发展、来工作、来生活、来旅游？从这一意义上说，绿水青山既是自然财富，又是社会财富、经济财富。经济发展不应是对资源和生态环境的竭泽而渔，生态环境保护也不应是经济发展的缘木求鱼，而是要坚持在发展中保护、在保护中发展，实现经济社会发展与人口、资源、环境相协调。这就需要坚定不移地贯彻绿色发展理念，把经济活动、人的行为限制在自然资源和生态环境能够承载的限度内，给自然生态留下休养生息的时间和空间，实现经济社会发展和生态环境保护协同共进。

3. 坚持良好生态环境是最普惠的民生福祉

良好生态环境是最公平的公共产品，是最普惠的民生福祉。这一理念源自我们党全心全意为人民服务的根本宗旨，源自广大人民群众对改善生态环境质量的热切期盼。习近平总书记深情地说，环境就是民生，青山就是美丽，蓝天也是幸福，发展经济是为了民生，保护生态环境同样也是为了民生。良好的生态环境意味着清洁的空气、干净的水源、安全的食品、宜居的环境，关系着人民群众最基本的生存权和发展权，具有典型的公共产品属性。我们党代表着广大人民最根本的利益，必须以对人民群众高度负责的态度，把生态环境保护放在更加突出的位置，为人民群众提供更多优质生态产品，让良好生态环境成为人民生活的增长点，让老百姓切实感受到经济发展带来的实实在在的环境效益。

4. 坚持山水林田湖草是生命共同体

坚持山水林田湖草是一个生命共同体的思想，深化了对生态系统保护和修复规律的认识。习近平总书记用"命脉"把人与山水林田湖草连在一起，生动形象地阐述了人与自然之间唇齿相依、唇亡齿寒的一体性关系："人的命脉在田，田的命脉在水，水的命脉在山，山的命脉在土，土的命脉在林和草，这个生命共同体是人类生存发展的物质基础。"生态是统一的自然系统，是各种自然要素相互依存实现循环的自然链条。要从系统工程角度寻求治理修复之道，不能头痛医头、脚痛医脚，必须按照生态系统的整体性、系统性及其内在规律，整体施策、多策并举，统筹考虑自然生态各要素、山上山下、地表地下、陆地海洋以及流域上下游、左右岸，进行整体保护、宏观管控、综合治理，增强生态系统循环能力，维持生态平衡、维护生态功能，从而达到系统治理的最佳效果。

5. 坚持用最严格制度最严密法治保护生态环境

建设生态文明，是一场涉及生产方式、生活方式、思维方式和价值观念的革命性变革。习近平总书记指出："只有实行最严格的制度、最严密的法治，才能为生态文明建设提供可靠保障。"在生态环境保护问题上，就是要不能越雷池一步，否则就应该受到惩罚。这为我们划出了一条清晰的、明确的、不可逾越的底线。对于破坏生态环境的行为，不能手软，不能下不为例。当前，我国生态环境保护中存在的突出问题大多同体制不健全、制度不严格、法治不严密、执行不到位、惩处不得力有关。因此，要加快制度创新，建立起产权清晰、多元参与、激励约束并重、系统完整的生态文明制度体系，着力破解制约生态文明建设的体制机制障碍。强化制度执行，让制度成为刚性约束和不可触碰的高压线。

6. 坚持共谋全球生态文明建设

习近平总书记指出，人类是命运共同体，建设绿色家园是人类的共同梦想。保护生态环境是全球面临的共同挑战，任何一国都无法置身事外。国际社会应该携手同行，共谋全球生态文明建设之路，共建清洁美丽的世界。在我们这样一个近 14 亿人口的大国，走出一条生产发展、生活富裕、生态良好的文明发展道路，建成富强民主文明和谐美丽的社会主义现代化强国，将是我们为解决人类社会发展难题作出的重大贡献，也是为全球环境治理提供的中国理念、中国智慧和中国方案。我国生态文明建设的理念和实践，已得到国际社会的广泛认同和支持。我们要创造出更高的生产效率、更民主的政治、更先进的文化、更和谐的社会，还要创造出更美的自然环境；要更好地解决人与社会的矛盾，还要更好地解决人与自然的矛盾。中国能走出一条实现生态文明建设的现代化新路，就能为世界上其他发展中国家追求现代化目标闯出一条新路。

人民是历史的创造者，也是生态文明的创造者。习近平总书记强调，生态文明建设同每个人息息相关，每个人都是生态环境的保护者、建设者、受益者，每个人都不是旁观者、局外人、批评家。优美生态环境为全社会共同享有，需要全社会共同建设共同保护共同治理。必须加强生态文明宣传教育，强化公民环境意识，构建全民行动体系，推动形成节约适度、绿色低碳、文明健康的生活方式和消费模式，形成全社会共同参与的良好风尚，把建设美丽中国化为人民自觉行动。

第二节　建设美丽中国面临的机遇与挑战

一、建设美丽中国面临的机遇

自党的十八大以来，在以习近平同志为核心的党中央坚强领导下，各地区各部门认真贯彻落实党中央、国务院决策部署，推动生态文明建设和生态环境保护取得了全方位、开创性的成就，发生了深层次、根本性的变革，并进入有史以来认识最深、力度最大、举措最实、推进最快、成效最好的时期。

1. 思想认识程度之深前所未有

对保护与发展关系的认识更加深刻，人与自然是生命共同体、"绿水青山就是金山银山"等理念正在牢固树立，抓环保就是抓可持续发展逐步深入人心。越来越多的地方把推进生态文明建设、加强生态环境保护作为机遇和重要抓手，下决心解决产业布局偏乱、产业结构偏重、能源结构偏煤等问题，努力走发展经济和保护生态环境的双赢之路。越来越多的企业认识到加强环境保护符合自身长远利益，依法排污治污、保护生态环境的法治意识、主体意识正在形成。绿色消费、共享经济快速发展，全社会关心环保、参与环保、贡献环保的行动更加自觉。近年来，河北塞罕坝林场、山西右玉县、浙江安吉县、江西靖安县等地成为了"绿水青山就是金山银山"的典型。

2. 污染治理力度之大前所未有

国务院出台实施大气、水、土壤污染防治行动"三个十条"，坚决向污染宣战。大力推进供给侧结构性改革，加大化解钢铁、煤炭等过剩产能和淘汰落后产能，累计退出钢铁产能1.7亿多吨，煤炭产能8亿多吨，完成燃煤电厂超低排放改造7亿多千瓦，建成全球最大的清洁煤电供应体系。开展饮用水水源地环保执法专项行动，加大黑臭水体整治，累计开展13.8万个村庄农村环境综合整治，近2亿农村人口直接受益。推进北方地区冬季清洁取暖，大力实施"煤改气""煤改电"。开展土壤污染状况详查，启动土壤污染综合防治先行区建设。坚决禁止洋垃圾入境。开展"绿盾"国家级自然保护区监督检查专项行动。完成京津冀、长江经济带、宁夏等涉及15个省（区、市）生态保护红线划定。

3. 制度出台频度之密前所未有

中共中央、国务院印发实施《生态文明体制改革总体方案》《加快推进生态文明建设的意见》。相继出台生态文明建设目标评价考核办法、党政领导干部生态环境损害责任追究办法以及环境保护督察、划定并严守生态保护红线、控制污染物排放许可制、完善生态环境监测体制等 40 多项改革举措，生态文明体制的"四梁八柱"基本形成。开展生态文明建设试验区、省以下环保机构监测监察执法垂直管理、设置跨地区环保机构、国家公园体制、生态环境损害赔偿制度等改革试点，为深化改革积累了丰富经验。

4. 执法督察尺度之严前所未有

《环境保护法》《大气污染防治法》《水污染防治法》《环境影响评价法》《环境保护税法》及其实施条例、《核安全法》和《建设项目环境保护管理条例》等法律法规完成制修订，《土壤污染防治法》已进入全国人大常委会立法审议程序。特别是被称为"史上最严"的新环境保护法从 2015 年开始实施，在打击环境违法行为方面力度空前。在环境行政处罚案件数量中，2017 年（23.3 万件）比 2014 年（8.3 万件）增加了 181%，处罚金额（2017 年 115.8 亿元，2014 年 31.7 亿元）增加了 265%。北京、陕西、河北等 10 个省（市）组建环保警察队伍，环境司法保障得到切实加强。实现中央环境保护督察 31 个省（区、市）全覆盖，问责 1.8 万人，直接推动解决 8 万多个群众身边的环境问题。同时很好地发挥了倒逼经济转型升级的作用，经济发展与环境保护呈现协同共进的良好局面。这方面例子很多，如2017 年京津冀及周边地区清理整治了 6.2 万家"散乱污"企业，推动市场回归健康有序，有效解决了"劣币驱逐良币"的突出问题，既取得了很好的环境效益，也取得了较好的经济效益和社会效益。经党中央、国务院批准，2018 年 5 月底开始对河北等 10 省（区）实施第一批中央环保督察"回头看"，目前正在推进过程中。

5. 环境改善速度之快前所未有

五年来，全国 338 个地级及以上城市可吸入颗粒物（PM10）平均浓度下降22.7%，京津冀、长三角、珠三角细颗粒物（PM2.5）平均浓度分别下降 39.6%、34.3%、27.7%，北京 PM2.5 平均浓度从 89.5 微克/立方米降至 58 微克/立方米，珠三角区域 PM2.5 平均浓度连续三年达标，"大气十条"目标任务全面完成。全国地表水优良（Ⅰ~Ⅲ类）水质断面比例由 2015 年的 66% 增至 67.9%，劣 V 类由2015 年的 9.7% 降至 8.3%，大江大河干流水质稳步改善；森林覆盖率由 21 世纪初的 16.6% 提高到 22% 左右。

解决国内环境问题的同时，我国还积极参与全球生态环境治理，成为全球生态文明建设的重要参与者、贡献者、引领者。我国已批准加入 30 多项与生态环境有关的多边公约或议定书，并率先发布《中国落实 2030 年可持续发展议程国别方案》，向联合国交存《巴黎协定》批准文书。我国消耗臭氧层物质的淘汰量占发展中国家总量的 50% 以上，成为对全球臭氧层保护贡献最大的国家。2016 年，联合国环境署发布《绿水青山就是金山银山：中国生态文明战略与行动》报告。

二、建设美丽中国面临的困难和挑战

在总结成绩的同时，我们也要清醒地看到，我国生态文明建设和生态环境保护任务依然繁重艰巨，推进美丽中国建设仍面临诸多困难和挑战。

1. 环境污染依然严重

2017 年，全国 338 个地级及以上城市中环境空气质量达标的仅占 29%，全国 PM2.5 平均浓度超标 23%，京津冀及周边地区河北、山西、天津、河南、山东五省（市）优良天数比例仍不到 60%，汾渭平原优良天数比例逐年下降。臭氧超标问题日益显现，2017 年全国臭氧浓度比 2016 年上升 8.0%。部分区域流域水污染仍然较重，全国地表水国控断面中仍有 8.3% 为劣 V 类。各地黑臭水体整治进展不均衡、污水收集能力存在明显短板。耕地重金属污染问题凸显，污染地块再利用环境风险较大。垃圾处置能力和水平还需提高，特别是随着网络经济的兴起，快递包装垃圾急剧增加。据 2016 年有关统计，我国快递包装一年使用的胶带长度可以绕地球赤道 425 圈。

2. 环境压力居高不下

我国产业结构、能源结构、运输结构的调整优化仍需要较长的时间。在能源结构中煤炭消费仍占 60%，公路货运比例居高不下甚至呈持续增长态势，经济总量增长与污染物排放总量增加尚未彻底脱钩，污染物排放总量仍居世界前列。尤其是部分区域产业结构布局与生态环境保护要求矛盾十分突出。例如，京津冀及周边地区六省区市国土面积仅占全国 7.2%，却生产了全国 43% 的钢铁、45% 的焦炭、31% 的平板玻璃、22% 的电解铝，原油加工量占全国的 28%，生态环境压力巨大。生物多样性受到严重威胁，濒危物种增多。

3. 环境治理基础仍很薄弱

一些地方，特别是县区级党委、政府及其有关部门，包括生态环境监管部门在内，对绿色发展认识不高、能力不强、行动不实，重发展轻保护的现象依然存在。近年来，一些地方在重要生态功能区违规削山造城、填湖搞开发、填海搞度假村、圈地建别墅。企业环保守法意识不强，环境违法行为时有发生。

4. 生态环境保护体制机制亟待完善

长期以来，我国生态文明建设领域存在职能分散、职能交叉、职责不清等问题，严重制约生态环境保护和美丽中国建设。比如，地方政府生态环境保护主体责任落实机制不畅，地方保护主义严重干扰生态环境执法；自然资源所有者和监管者职责不分，重开发轻保护突出；自然资源资产管理职责分散，山水林田湖草保护和修复的系统性、整体性严重缺乏；污染防治职责交叉重复，造成水陆分割，地上地下分离，陆海兼顾不够，城乡统筹不够，多头执法、重复建设、"数"出多门等问题突出；跨区域跨流域环境问题缺乏统筹解决机制，以行政区域为单元的环境管理体制，割裂了生态空间的整体性，各地在环境保护目标、政策标准、执法尺度、相关利益补偿等方面难以衔接。

综合起来看，建设美丽中国的机遇与挑战并存，且机遇明显大于挑战。2018年 5 月 18 日，习近平总书记在全国生态环境保护大会上指出，我国生态文明建设和生态环境保护正处于压力叠加、负重前行的关键期，进入提供更多优质生态产品以满足人民日益增长的优美生态环境需要的攻坚期，也到了有条件有能力解决生态环境突出问题的窗口期。我们应当增强信心和决心，坚持正确的策略和方法，发扬钉钉子精神，保持定力，持之以恒，久久为功，确保既定政策措施落地见效，总之我们一定能够如期建成美丽中国。

第三节　准确把握习近平生态文明思想的宽广视角和实践要求

"横看成岭侧成峰，远近高低各不同。"讲的是看问题的视角不同，所看到的问题和所得出的结论就会不同。党的十九大报告指出："站立在九百六十多万平方公里的广袤土地上，吸吮着五千多年中华民族漫长奋斗积累的文化养分，拥有十三亿多中国人民聚合的磅礴之力，我们走中国特色社会主义道路，具有无比广阔的时代舞台，具有无比深厚的历史底蕴，具有无比强大的前进定力。"这段话描述的就是中国共产党人看问题应该有的视角。

2018 年 1 月 5 日，习近平总书记在学习贯彻党的十九大精神研讨班开班式上强调，学习贯彻党的十九大精神，"必须提高政治站位、树立历史眼光、强化理论思维、增强大局观念、丰富知识素养、坚持问题导向，从历史和现实相贯通、国际和国内相关联、理论和实际相结合的宽广视角，对一些重大理论和实践问题进行思考和把握"。对于思考和把握生态环境问题、进而学习贯彻习近平新时代中国特色社会主义生态思想，我们尤其需要学懂弄通其宽广的视角。

一、树立历史眼光、坚持历史和现实相贯通，深刻领会"人与自然和谐共生"的丰富内涵

生态问题，就其表现来看，它是人与自然物质变换关系持续恶化的反映。研究生态问题，需要一定生态文明观的指导。然而作为观念的生态文明观，"不外是移入人的头脑并在人的头脑中改造过的物质的东西而已。"所以，准确掌握生态文明观的由来和发展，必须把它放在人与自然关系长期演进的视角，以史为鉴、知古鉴今。习近平总书记说："只有回看走过的路、比较别人的路、远眺前行的路，弄清

楚我们从哪儿来、往哪儿去，很多问题才能看得深、把得准。"在生产实践中，人与自然物质变换关系的演进是一个自然历史过程，它从根本上决定着人与人物质变换的社会形式及其相应的生态文明观。

迄今为止，人类社会形式的演进经历了三个阶段。其中，"人的依赖关系（起初完全是自然发生的），是最初的社会形式，在这种形式下，人的生产能力只是在狭小的范围内和孤立的地点上发展着。"马克思所讲的最初的社会形式可归为古代社会。在古代社会，自然界的广袤、深邃及其所表现出的力量让人类感到的是神秘和忐忑。马克思、恩格斯指出："自然界起初是作为一种完全异己的、有无限威力的和不可制服的力量与人们对立的、人们同自然界的关系完全像动物同自然界的关系一样，人们就像牲畜一样慑服于自然界，因而，这是对自然界的一种纯粹动物式的意识（自然宗教）。""以物的依赖性为基础的人的独立性，是第二大形式，在这种形式下，才形成普遍的社会物质交换、全面的关系、多方面的需要以及全面的能力的体系。"马克思所讲到的第二大社会形式就是现代资本主义社会。这种社会是由劳动"资本逻辑"主导的社会。在劳动"资本逻辑"主导下，"资产阶级在它的不到一百年的阶级统治中所创造的生产力，比过去一切时代创造的全部生产力还要多，还要大。自然力的征服，机器的采用，化学在工业和农业中的应用，轮船的行驶，铁路的通行，电报的使用，整个大陆的开垦，河川的通航，仿佛用法术从地下呼唤出来的大量人口——过去哪一个世纪料想到在社会劳动里蕴藏有这样的生产力呢。"在现代资本主义社会中，劳动"资本逻辑"对人与自然物质变换的作用就是"过度"，也就是过度生产、过度消费和过度排泄。这种"过度"不断破坏着人与自然之间的物质变换，其结果必然是全球性的生态危机。

"建立在个人全面发展和他们共同的、社会的生产能力成为从属于他们的社会财富这一基础上的自由个性，是第三个阶段。第二个阶段为第三个阶段创造条件。"马克思所讲到的第三大社会形式包括社会主义社会和共产主义社会。从中国特色社会主义实践来看，党的十八大第一次把生态文明建设纳入"五位一体"总体布局，党的十九大又把"美丽"作为新时代中国特色社会主义的总目标并写进党章。在未来的共产主义社会，马克思指出："这种共产主义，作为完成了的自然主义，等于人道主义，而作为完成了的人道主义，等于自然主义，它是人和自然界之间、人和人之间的矛盾的真正解决，是存在和本质、对象化和自我确证、自由和必然、个体和类之间的斗争的真正解决。"可见，社会主义社会和共产主义社会都是具有鲜明生态特征的社会。在人与自然关系方面，中国特色社会主义从"人与自然和谐共生"的视角反思生态环境问题并积极寻找治本之策，代表了这一阶段最新的生态文明观。

"坚持人与自然和谐共生"，是党的十九大确立的一条基本方略，也是社会主义生态文明观的核心理念，具有十分丰富的历史内涵。第一，建设生态文明是中华民族永续发展的千年大计。必须坚持节约资源和保护环境的基本国策，且像对待生命一样对待生态环境，统筹山水林田湖草系统治理，实行最严格的生态环境保护制度，形成绿色发展方式和生活方式，坚定走生产发展、生活富裕、生态良好的文明发展道路，建设美丽中国，为人民创造良好的生产生活环境，为全球生态安全作出贡献。第二，人与自然是生命共同体，人类必须尊重自然、顺应自然、保护自然。人类只有遵循自然规律才能有效防止在开发利用自然上走弯路，人类对大自然的伤害最终会伤及人类自身，这是无法抗拒的规律。第三，我们要建设的现代化是人与自然和谐共生的现代化，既要创造更多物质财富和精神财富以满足人民日益增长的美好生活需要，也要提供更多优质生态产品以满足人民日益增长的优美生态环境需要。第四，必须坚持节约优先、保护优先、自然恢复为主的方针，形成节约资源和保护环境的空间格局、产业结构、生产方式、生活方式，还自然以宁静、和谐、美丽。我们必须以时不我待只争朝夕的精神投入生态实践，努力开创新时代中国特色社会主义生态文明新局面。

二、增强大局观念、坚持国际和国内相关联，深刻领会"生态兴则文明兴，生态衰则文明衰"的国际视野

习近平总书记反复强调："要树立大局意识，善于从大局看问题，放眼世界，放眼未来，也放眼当前，放眼一切方面；要善于观大势、谋大事，把握工作主动

权；要加强战略思维，增强战略定力。"树立大局意识，就是从长远看当前、从全局看局部、从整体看部分。努力占据观察事物、分析问题的制高点，从总体上把握事物发展的趋势和方向，进而增强战略定力和统筹协调能力。

实现中华民族伟大复兴是新时代中国共产党的历史使命，而民族复兴最显著的标志则是文明的全面提升和兴旺发达。从战略大局把握生态文明，就必须把生态建设放在古今中外文明兴衰的视角来认识。早在 2003 年，在《生态兴则文明兴——推进生态建设打造"绿色浙江"》一文中，时任浙江省委书记的习近平就明确提出："生态兴则文明兴，生态衰则文明衰。"放眼全球，无论从世界还是从中华民族的文明历史看，生态环境的变化都直接影响着文明的兴衰演替。

"生态衰则文明衰。"对此，习近平总书记曾多次引用过恩格斯在《自然辩证法》中写的这段名言："美索不达米亚、希腊、小亚细亚以及其他各地的居民，为了得到耕地，毁灭了森林，但是他们做梦也想不到，这些地方今天竟因此而成为不毛之地，因为他们使这些地方失去了森林，也就失去了水分的积聚中心和贮藏库。阿尔卑斯山的意大利人，当他们在山南坡把那些在山北坡得到精心保护的枞树林砍光用尽时，没有预料到，这样一来，他们把本地区的高山畜牧业的根基毁掉了；他们更没有预料到，他们这样做，竟使山泉在一年中的大部分时间内枯竭了，同时在雨季又使更加凶猛的洪水倾泻到平原上。"这段话应该是对古代社会"生态衰则文明衰"最著名的总结。而事实上，如果我们把视角放得更加久远一点，四大文明古国兴起的重要原因又何尝不是"生态兴则文明兴"呢！

"生态兴则文明兴。"现代社会西方文明的兴起与当地独特而适宜的生态环境有着密切的关系。在 20 世纪，发生在西方国家的"世界八大公害事件"对生态环境和公众生活造成巨大影响。其中，洛杉矶光化学烟雾事件，先后导致近千人死亡、75%以上市民患上红眼病。伦敦烟雾事件，在 1952 年 12 月首次暴发的短短几天内，致死人数高达 4000 人，随后 2 个月内又有近 8000 人死于呼吸系统疾病，此后 1956 年、1957 年、1962 年又连续发生多达 12 次严重的烟雾事件。日本水俣病事件，因工厂把含有甲基汞的废水直接排放到水俣湾中，人食用受污染的鱼和贝类后患上极为痛苦的汞中毒病，患者近千人，受威胁者多达 2 万人。对此，美国作家蕾切尔·卡逊的《寂静的春天》一书对这些状况作了详细描述。自 20 世纪 60 年代伊始，《寂静的春天》一书唤醒沉睡了几百年的蕴含在民众中的生态意识，掀起了一场轰轰烈烈并延续至今的生态革命。

在我国，"生态兴则文明兴，生态衰则文明衰"规律同样也为 5000 多年中华民族的文明历史所验证。据史料记载，现在植被稀少的黄土高原、渭河流域、太行山脉也曾是森林遍布、山清水秀，地宜耕植、水草便畜。由于毁林开荒、滥砍乱伐，这些地方生态环境遭到严重破坏。塔克拉玛干沙漠的蔓延，湮没了盛极一时的丝绸之路。河西走廊沙漠的扩展，毁坏了敦煌古城。科尔沁、毛乌素沙地和乌兰布和沙漠的蚕食，侵占了富饶美丽的蒙古草原。楼兰古城因屯垦开荒、盲目灌溉，导致孔雀河改道而衰落。河北北部的塞罕坝围场，早年树海茫茫、水草丰美，但从同治年间开围放垦，致使千里松林几乎荡然无存，出现了几十万亩的荒山秃岭。

值得注意的是，中华人民共和国成立以后，河北塞罕坝林场的建设者们听从党的召唤，在"黄沙遮天日，飞鸟无栖树"的荒漠沙地上艰苦奋斗、甘于奉献，创造了荒原变林海的人间奇迹。2017 年 12 月 5 日，联合国环境规划署宣布，中国塞罕坝林场建设者获得 2017 年联合国环保最高荣誉——"地球卫士奖"。"星星之火可以燎原"，在中国特色社会主义新时代，在习近平新时代中国特色社会主义生态文明思想指引下，中华大地上会涌现出越来越多的"塞罕坝"，"一代接着一代干，驰而不息，久久为功，努力形成人与自然和谐发展的新格局，把我们伟大的祖国建设得更加美丽，为子孙后代留下天更蓝、山更绿、水更清的优美环境。"从宽广的国际视野认识掌握"生态兴则文明兴，生态衰则文明衰"规律，对于实现中华民族伟大复兴中国梦具有重大而深远的意义。恩格斯深刻指出："我们不要过分陶醉于我们人类对自然界的胜利。对于每一次这样的胜利，自然界都对我们进行报复。每一次胜利，起初确实取得了我们预期的结果，但是往后和再往后却发生完全不同的、出乎预料的影响，常常把最初的结果又消除了。"对此，我们一定要增强忧患意识，严守生态底线，充分认识到没有美丽中国目标的实现，就没有文明的提升；没有文明的提升，就没有中华民族的伟大复兴。

三、强化理论思维、坚持理论和实际相结合，深刻领会"绿水青山就是金山银山"的实践要求

恩格斯指出："一个民族想要站在科学的最高峰，就一刻也不能没有理论思维。"强化理论思维，不是要脱离实践、崇尚空谈冥想，而是要更加紧密地联系实际，更加自觉地树立求实思维，更加自觉地树立实践第一的思想。在马克思主义生态文明思想史上，"两山"理念就是习近平总书记强化理论思维，坚持理论与实际相结合提出的最具有原创性和社会影响力的理念典范。

早在 20 世纪 80 年代，习近平同志在河北正定工作的时候，就提出"宁肯不要钱，也不要污染"的观点；2005 年 8 月，习近平同志在浙江担任省委书记，在安吉县考察工作时，首次提出"两山"理念，他强调，"我们过去讲，既要绿水青山，又要金山银山。其实，绿水青山就是金山银山。"

2006 年，习近平同志以笔名"哲欣"在《浙江日报》上发表文章，系统总结了人们对绿水青山和金山银山这"两座山"之间关系的认识过程。他说，在实践中对这"两座山"之间关系的认识经过了三个阶段：第一个阶段是用绿水青山去换金山银山，不考虑或者很少考虑环境的承载能力，一味索取资源。第二个阶段是既要金山银山，也要保住绿水青山，这时候经济发展和资源匮乏、环境恶化之间的矛盾开始凸显出来，人们意识到环境是我们生存发展的根本，要留得青山在，才能有柴烧。第三个阶段是认识到绿水青山可以源源不断地带来金山银山，绿水青山本身就是金山银山，我们种的常青树就是摇钱树，生态优势变成经济优势，形成了浑然一体、和谐统一的关系。这个阶段是一个更高的境界，体现了科学发展观的要求，体现了发展循环经济、建设资源节约型和环境友好型社会的环境理念。以上三个阶段是经济增长方式转变的过程，是发展观念不断进步的过程，也是人和自然不断调整、趋向和谐的过程。这是习近平同志对"两山"理念的第二次比较完整的表述。

2013 年，习近平同志出访哈萨克斯坦，在纳扎尔巴耶夫大学发表演讲时说：

"我们追求人与自然的和谐、经济与社会的和谐，通俗地讲，就是要'两座山'：既要绿水青山，也要金山银山。宁要绿水青山，不要金山银山，而且绿水青山就是金山银山。"这被公认为是习近平同志对"两山"理念最经典、最系统的一次论述。2017年10月，党的十九大召开，"必须树立和践行绿水青山就是金山银山的理念"写入党的十九大报告和党章，这标志着"两山"理念成为习近平新时代中国特色社会主义思想的重要组成部分。

"两山"理念深刻反映了自然规律对人类经济活动的要求，正确揭示了经济发展和环境保护的辩证关系，其具有丰富的内涵和重大的意义。"既要绿水青山，也要金山银山"指的是我们既要保护好生态环境，也要发展好经济，两者相互依存、缺一不可；"宁要绿水青山，不要金山银山"指的是在两者不可兼得的特定条件下一定要把生态环境保护放在优先位置，绝不能以牺牲生态环境为代价换取经济的一时发展；"绿水青山就是金山银山"指的是保护和发展具有内在统一、相互促进和协调共生的关系，保护生态环境的过程就是保护自然价值和增值自然资本的过程，就是保护经济社会发展潜力和后劲的过程，保护好生态环境可以源源不断地带来经济发展。

"两山"理念告诉我们，要把生态环境保护放在更加突出的位置，环境就是民生，青山就是美丽，蓝天也是幸福。要着力推动生态环境保护，像保护眼睛一样保护生态环境，像对待生命一样对待生态环境。生态文明建设事关中华民族永续发展和"两个一百年"奋斗目标的实现，保护生态环境就是保护生产力，改善生态环境就是发展生产力。

"两山"理念要求我们，要坚持和贯彻新发展理念，正确处理好经济社会发展和生态环境保护的关系，像保护眼睛一样保护生态环境，像对待生命一样对待生态环境，把解决突出生态环境问题作为民生优先领域。坚决打赢蓝天保卫战是重中之重，且要以空气质量明显改善为刚性要求，强化联防联控，基本消除重污染天气，还百姓蓝天白云、繁星闪烁。要深入实施水污染防治行动计划，保障饮用水安全，基本消灭城市黑臭水体，还百姓清水绿岸、鱼翔浅底的景象。要全面落实土壤污染防治行动计划，突出重点区域、行业和污染物，强化土壤污染管控和修复，有效防范风险，让百姓吃得放心、住得安心。要持续开展农村人居环境整治行动，打造美丽乡村，为百姓留住鸟语花香田园风光。

"两山"理念要求我们要充分认识形成绿色发展方式和生活方式的重要性、紧迫性、艰巨性，加快建立健全以生态价值观念为准则的生态文化体系，以产业生态化和生态产业化为主体的生态经济体系，以改善生态环境质量为核心的目标责任体系，以治理体系和治理能力现代化为保障的生态文明制度体系，以生态系统良性循环和环境风险有效防控为重点的生态安全体系。要通过加快构建生态文明体系，确保到 2035 年，生态环境质量实现根本好转，美丽中国目标基本实现。到 21 世纪中叶，物质文明、政治文明、精神文明、社会文明、生态文明全面提升，绿色发展方式和生活方式全面形成，人与自然和谐共生，生态环境领域国家治理体系和治理能力现代化全面实现，从而建成美丽中国。

"两山"理念还要求我们不断提高环境治理水平。要充分运用市场化手段，完善资源环境价格机制，采取多种方式支持政府和社会资本合作项目，加大重大项目科技攻关，对涉及经济社会发展的重大生态环境问题开展对策性研究。要实施积极应对气候变化的国家战略，推动和引导建立公平合理、合作共赢的全球气候治理体系，从而彰显我国负责任大国的形象，推动构建人类命运共同体。

思考题

1. 结合所学理论，谈谈你对习近平生态文明思想核心要义的理解和认识。

2. 建设美丽中国的重大意义是什么？你认为建设美丽中国有哪些机遇和挑战？

3. 新时代如何准确把握习近平生态文明思想的宽广视角和实践要求？

第六章
以新发展理念引领经济高质量发展

党的十八大以来，中国特色社会主义进入新时代，这是我国发展新的历史方位。在新时代，我国经济发展的基本特征是由高速增长阶段转向高质量发展阶段，必须在习近平新时代中国特色社会主义思想特别是经济思想指引下，加快形成推动高质量发展的指标体系、政策体系、标准体系、统计体系、绩效评价、政绩考核，创建和完善制度环境，推动我国经济在实现高质量发展上不断取得新进展。

第一节　坚持新发展理念是一场深刻变革

发展理念是发展行动的先导，是发展思路、发展方向、发展着力点的集中体现。发展理念是否对头，从根本上决定着发展成效乃至成败。习近平总书记指出："发展必须是科学发展，必须坚定不移贯彻创新、协调、绿色、开放、共享的发展理念。"新发展理念不是凭空得来的，是在深刻总结国内外发展经验教训、深刻分析国内外发展大势的基础上形成的，是针对我国发展中的突出矛盾和问题提出来的。坚持新发展理念，是关系我国发展全局的一场深刻变革。

一、创新是引领发展的第一动力

创新发展注重的是解决发展动力问题，必须把创新摆在国家发展全局的核心位置，让创新贯穿党和国家一切工作。在古希腊神话中，第一勇士阿喀琉斯刀枪不入、战无不胜，但脚后跟却是其致命弱点。在特洛伊战争中，对手正是抓住这一命门，将这位英雄射死——"阿喀琉斯之踵"因此得名。在新发展理念中，创新为什么排在第一位？创新对于国家和民族前途命运具有决定性意义，创新能力不强是我国这个经济大块头的"阿喀琉斯之踵"，抓住了创新，就抓住了牵动经济社会发展全局的"牛鼻子"。历史是最好的教科书，罗马帝国、波斯帝国、阿拉伯帝国、奥斯曼帝国等之所以最终走向衰败，除政治、军事、地缘上的因素外，创新不足是其重要原因。近代以来，英国、德国、美国等国家的先后崛起，一个重要原因在于抓住了科技革命带来的机遇。中华民族是勇于创新、善于创新的民族，曾经长期处于世界领先地位，到了近代却陷入被动挨打的境地，一个重要原因则是错失了多次科技和产业革命的良机。

经过多年努力，我国创新能力和科技水平明显提高，正在由过去的"跟跑"为主逐步地转向更多领域中的"并跑""领跑"。但从总体上看，创新能力依然是我国经济社会发展的一大短板，关键核心技术受制于人的局面尚未根本改变，互联网核心技术、芯片制造等领域被人"卡脖子"的现象时有发生。面对人口、资源、环境等方面越来越大的压力，拼投资、拼资源、拼环境的老路已经走不通了。

新路在哪里？就在创新这个第一动力上，就在加快从要素驱动、投资规模驱动发展为主向以创新驱动发展为主的转变上。正是基于对创新与发展关系的深刻把握，习近平总书记把创新摆在国家发展全局的核心位置上，并提出一系列重要论断，作出一系列重大部署。2013 年，习近平总书记在欧美同学会成立 100 周年庆祝大会上指出，"在激烈的国际竞争中，惟创新者进，惟创新者强，惟创新者胜"；2014 年在上海考察时指出，"谁牵住了科技创新这个'牛鼻子'，谁走好了科技创新这步先手棋，谁就能占领先机、赢得优势"；2016 年在全国科技创新大会、两院院士大会、中国科协第九次全国代表大会上发出建设世界科技强国的号召；2018年在中国科学院第十九次院士大会、中国工程院第十四次院士大会上强调，"关键核心技术是要不来、买不来、讨不来的"，必须"掌握在自己手中"；2019年在第二届"一带一路"国际合作高峰论坛开幕式上再次强调，"创新就是生产力，企业赖之以强，国家赖之以盛"。习近平总书记对"创新"念兹在兹，大声疾呼，强力推动。

抓创新就是抓发展，谋创新就是谋未来。党的十八大以来，沿着中国特色自主创新道路，我国创新驱动发展战略大力实施，创新型国家建设不断取得丰硕成果，天宫遨游、蛟龙探海、天眼探空、悟空探秘、墨子传信、大飞机一飞冲天、港珠澳大桥正式通车……创新发展的一系列重大成果，推动着发展动能的转换，改善着人们的生产生活，引领我国经济不断发展进步。

二、协调是持续健康发展的内在要求

协调发展注重的是解决发展不平衡问题，必须正确处理发展中的重大关系，不断增强发展整体性。和声美妙，贵在协调。弹钢琴只有十个指头各司其职，协同发力，旋律才会悦耳动听。弹钢琴如此，经济社会发展亦然。只有把握"协调"这个要诀，统筹兼顾、综合平衡，才能奏出协调发展的"交响曲"。协调发展究竟有多重要？习近平总书记形象地把协调发展比作"制胜要诀"，充分凸显了协调在我国经济社会发展全局中的地位。一言以蔽之，协调是持续健康发展的内在要求，其根本目的是要增强我国发展的整体性协调性。

协调发展之所以是"制胜要诀"，在于它反映了事物发展的客观规律。事物是普遍联系的，人类社会是包括经济、政治、文化、社会、生态等各种活动的统一有机体，形成了一系列重大关系。这些重大关系如果处理不好，就会出现不平衡不协调的状态，影响整个社会健康发展。比如，供给体系和需求体系如果脱节，就会出现供求失衡、产能过剩，使经济增速减缓；精神文明建设搞不好，社会风气就可能变坏，并反过来制约经济发展等。

平衡是相对的，不平衡是绝对的。协调发展是一个历史过程，在不同阶段的表现也不尽相同。当前，我国协调发展有哪些新特点，又面临哪些短板？对这个问题，习近平总书记强调，协调既是发展手段又是发展目标，同时还是评价发展的标准和尺度；协调是发展两点论和重点论的统一，是发展平衡和不平衡的统一，是发展短板和潜力的统一。就短板来说，他指出，我国发展不协调是一个长期存在的问题，突出表现在区域、城乡、经济和社会、物质文明和精神文明、经济建设和国防建设等关系上。针对这些突出问题，习近平总书记强调"要学会运用辩证法，善于'弹钢琴'，处理好局部和全局、当前和长远、重点和非重点的关系"，并从推动区域协调发展、城乡协调发展、物质文明和精神文明协调发展、经济建设和国防建设融合发展等方面作出重大部署。

为推动我国协调发展，习近平总书记多次进行深入调研，足迹遍布神州大地的山山水水。2014 年在北京考察时，他强调京津冀协同发展要"自觉打破自家'一亩三分地'的思维定式"；2015 年在浙江调研时，他要求"提高城乡发展一体化水平"；2016 年在推进"一带一路"建设工作座谈会上，他强调要"树立全国一盘棋思想，加强协调，形成合力"；2017 年在党的十九大报告中，他提出实施乡村振兴战略和区域协调发展战略；2018 年在深入推动长江经济带发展座谈会上，他要求"做好区域协调发展'一盘棋'这篇大文章"；2019 年在京津冀协同发展座谈会上，他强调要"构建促进协同发展、高质量发展的制度保障"。

而今，在东西南北中，"全国一盘棋"的经济社会发展新蓝图清晰呈现。西部开发、东北振兴、中部崛起、东部率先，"四大板块"协调发展的战略进一步推进，长江经济带发展、京津冀协同发展步入"快车道"，乡村振兴战略深入实施，社会主义精神文明建设深入推进，军民融合发展上升为国家战略……我国协调发展正在全面布局，扎实推进，向着更加平衡、更加协调的方向不断迈进。

三、绿色是永续发展的必要条件

绿色发展注重的是解决人与自然和谐共生问题，必须实现经济社会发展和生态环境保护协同共进，为人民群众创造良好生产生活环境。人类在同自然的互动中生产、生活、发展，人类善待自然，自然也会馈赠人类，但"如果说人靠科学和创造性天才征服了自然力，那么自然力也对人进行报复"。古巴比伦、古埃及、古代中国等诸多古老文明，大多发源于水量丰沛、森林茂密、田野肥沃的地区。生态状况的急转直下，也让古巴比伦、玛雅等一度兴盛的文明，由盛转衰。无数的事实证明，人类发展活动必须尊重自然、顺应自然、保护自然，否则就会遭到大自然的报复，这个规律谁也无法抗拒。

习近平总书记讲，改革开放以来，在我国经济发展取得历史性成就的同时，也积累了大量生态环境问题，成为我国发展的明显短板。"各类环境污染呈高发态势，成为民生之患、民心之痛。"这样的状况，要"下大气力扭转"！坚持绿色发展，就是解决之道。"环境就是民生，青山就是美丽，蓝天也是幸福"；"保护环境就是保护生产力，改善环境就是发展生产力"；"像保护眼睛一样保护生态环境，像对待生命一样对待生态环境，推动形成绿色发展方式和生活方式"。这些重要论断，集中体现了我们党对人类文明发展规律的深刻认识，鲜明宣示了担当历史重任的决心。

习近平总书记一贯高度重视生态文明建设。沿着工作的轨迹，习近平生态文明思想也一步步在实践中形成、丰富和发展。在河北正定，他提出"宁肯不要钱，也不要污染"的理念；在福建，他反复强调，资源开发要达到社会、经济、生态三者效益的协调；在浙江，他大力推动生态省建设，并直接推动当地"自然休养""生态补偿"等改革探索；在上海，他强调要以对人民群众、对子孙后代高度负责的精神，下大力气解决一些在环境保护方面的突出问题。党的十八大以来，习近平总书记把生态文明建设摆在党和国家事业发展全局中的重要位置：在"五位一体"总体布局中，生态文明建设是重要一"位"；在新时代坚持和发展中国特色社会主义基本方略中，坚持人与自然和谐共生是重要方略；在新发展理念中，绿色是重要理念；在三大攻坚战中，污染防治是其中一大攻坚战。总书记为海南定位，强调青山绿水、碧海蓝天是海南最强的优势和最大的本钱；为湖南定位，谆谆告诫，"洞庭波涌连天雪，长岛人歌动地诗"这样的乡情美景不能弄没了；为青海定位，殷殷嘱托，要确保"一江清水向东流"；为长江经济带定位，反复叮嘱"共抓大保护，不搞大开发"。

从党的十八届三中全会提出加快建立系统完整的生态文明制度体系，到四中全会要求用严格的法律制度保护生态环境，再到五中全会将绿色发展纳入新发展理念，党的十九大提出坚决打好污染防治攻坚战；从山水林田湖草"生命共同体"初具规模，到绿色发展理念融入生产生活，再到经济发展与生态改善实现良性互动……在习近平生态文明思想科学指引下，我国生态文明建设不断取得重大成就，生态环境质量持续改善。天更蓝、山更绿、水更清、环境更优美的美好蓝图正在中华大地上坚定地展开。

四、开放是国家繁荣发展的必由之路

开放发展注重的是解决发展内外联动问题，必须发展更高层次的开放型经济，以扩大开放推进改革发展。经济全球化大致经历了殖民扩张和世界市场形成、两个平行世界市场、经济全球化三个阶段；与之相对应，我国同世界的关系也大致经历了从闭关锁国到半殖民地半封建、"一边倒"和封闭半封闭、全方位对外开放三个阶段。回顾历史，联系我国对外开放取得的巨大成就，习近平总书记得出一个重要结论："只要主动顺应世界发展潮流，不但能发展壮大自己，而且可以引领世界发展潮流。"

经济全球化是社会生产力发展的客观要求和科技进步的必然结果，是谋划发展所要面对的时代潮流。随着社会化大生产在世界范围广泛展开，世界各国经济日益融合，全球供应链、产业链、价值链紧密联系，生产要素全球流动，各国日益形成利益共同体、责任共同体、命运共同体，世界经济已经连接成一片大海。要想人为切断各国经济的资金流、技术流、产品流、产业流、人员流，让世界经济的大海退回到一个一个孤立的小湖泊、小河流，不可能，也做不到，因为不符合历史潮流。

习近平总书记是经济全球化的坚定推动者。针对贸易保护主义等"逆全球化"

潮流，他在多个场合旗帜鲜明地阐明中国立场、中国主张。2016 年在 20 国集团工商峰会开幕式上，他指出，"中国对外开放，不是要一家唱独角戏，而是要欢迎各方共同参与；不是要谋求势力范围，而是要支持各国共同发展；不是要营造自己的后花园，而是要建设各国共享的百花园"；在 2017 年世界经济论坛年会开幕式上，他指出，"搞保护主义如同把自己关进黑屋子，看似躲过了风吹雨打，但也隔绝了阳光和空气"；在 2018 年博鳌亚洲论坛年会开幕式上，他强调"中国开放的大门不会关闭，只会越开越大"；在首届中国国际进口博览会开幕式上，他形象地把中国经济比作大海，并向世界宣示，"面向未来，中国将永远在这儿"。这些重大论断回音缭绕、意蕴深远，表明了中国坚持开放发展的坚定决心，并得到了国际社会广泛认同。如今的中国，已被视为世界上推动贸易和投资自由化、便利化的最大旗手，积极主动地同国际上的保护主义作斗争。

与过去相比，我国开放面临的形势也在不断发生变化。对此，应如何认识？习近平总书记从国际力量对比、世界经济前景、我国与世界的关系、我国对外开放的新特征等方面进行了深入分析。事实一再印证习近平总书记的光辉论断！的确，中国开放发展的大环境比以往任何时候都更为有利，但面临的矛盾、风险、博弈也前所未有，稍不留神就可能掉入别人精心设置的陷阱中。

如何推动开放发展？习近平总书记提出了"提高把握国内国际两个大局的自觉性和能力，提高对外开放质量和水平"的总体要求。2013 年 9 月和 10 月，在出访中亚和东南亚国家期间，他先后提出共建"丝绸之路经济带"和"21 世纪海上丝绸之路"的重大倡议。"一带一路"倡议是我国实施新一轮扩大开放的重要举措，也是推动开放合作、促进和平发展的"中国方案"。在"一带一路"倡议带动下，我国推出一系列高质量对外开放新举措，如优化区域开放布局，创新对外投资方式，促进国际产能合作，探索建设自由贸易港，举办中国国际进口博览会等。面向未来，我们将继续坚持互利共赢的开放战略，坚持"引进来"和"走出去"并重，着力形成对外开放新体制、全面开放新格局。

五、共享是中国特色社会主义的本质要求

共享发展注重的是解决社会公平正义问题，必须坚持全民共享、全面共享、共建共享、渐进共享，不断推进全体人民共同富裕。"人民对美好生活的向往，就是我们的奋斗目标。"我们党的一切奋斗都是为了人民，党除了最广大人民的利益，没有任何特殊的利益。共享理念的实质，就是坚持以人民为中心的发展思想，体现的是逐步实现共同富裕的要求。"人民"二字，在习近平总书记心里分量最重、牵挂最多。党的十八大以来，他无数次强调，我们伟大的发展成就由人民创造，应该由人民共享。近年来，我国在幼有所育、学有所教、劳有所得、病有所医、老有所养、住有所居、弱有所扶上持续取得新进展，全体人民在共建共享发展中的获得感、幸福感、安全感不断增强，并稳定走上了富裕安康的广阔道路。

全面小康，一个都不能少；共同富裕，一个都不能掉队。这些年来，习近平总书记对脱贫攻坚倾注了大量心力，率领全党全国人民战天斗地，誓与千百年来的贫困抗争到底，不获全胜绝不收兵。从黄土高坡到青藏高原，从太行山脉到乌蒙山区，从"贫瘠甲天下"的甘肃定西到"隔山走一天"的四川大凉山，习近平总书记的足迹遍布大江南北全国14个集中连片的特困地区。2019年4月，习近平总书记赴重庆考察调研，历经7小时专程去看望一个贫困村，他说，"不怕路远，哪怕一天只看一个点"，因为"只有看到中国贫困的真实状况，我们才能作出正确的决策"。党的十八大以来，在习近平总书记身体力行、率先垂范下，我国脱贫攻坚力度之大、规模之广、成效之显著前所未有，创造了世界减贫史的奇迹。

如何理解共享发展理念？习近平总书记做了全面深刻的阐述：从覆盖面而言，要全民共享；从内容而言，要全面共享；从实现途径而言，要共建共享；从推进进程而言，要渐进共享。这四个方面相互贯通，必须从整体上理解和把握。

如何落实共享发展理念？习近平总书记从两个层面作出了部署，强调要做好从顶层设计到"最后一公里"落地的工作，不断取得新成效。一方面，要充分调动人民群众的积极性、主动性、创造性，不断把"蛋糕"做大；另一方面，要把不

断做大的"蛋糕"分好，充分体现社会主义制度的优越性。我们要坚定不移朝着全体人民共同富裕的目标前进，这是一个长期的历史进程，既要尽力而为，又要量力而行，不断积小胜为大胜，真正做到发展为了人民、发展依靠人民、发展成果由人民共享。

新发展理念，源于伟大实践，又指导伟大实践，其思想价值已为党的十八大以来的伟大成就和变革充分证明。牢固树立和贯彻落实新发展理念，是关系我国发展全局的一场深刻变革，习近平总书记关于新发展理念的系列重要论述，需要经常学、反复学，真正学深悟透，使之落地生根，化为普遍实践。在党的十九大报告中，习近平总书记对我国未来发展作出了战略安排。实现这一战略安排确定的各个目标，条件充足、信心百倍，十分关键的根据从发展道路上看，就是有新发展理念的科学指引。当前，遵循新发展理念，以供给侧结构性改革为主线，推动经济发展质量变革、效率变革、动力变革，就一定能够推动我国经济高质量发展，不断满足人民日益增长的美好生活需要。

第二节　我国经济由高速增长转向高质量发展

一、我国经济发展的基本特征

党的十八大以来，我们对经济发展阶段性特征的认识不断深化。2013 年，党中央作出判断，我国经济发展正处于增长速度"换挡期"、结构调整"阵痛期"和前期刺激政策消化期"三期叠加"阶段。2014 年，提出我国经济发展进入新常态。新常态是一个客观状态，是我国经济发展到一定阶段必然会出现的一种状态，适应新常态、把握新常态、引领新常态是我国经济发展的大逻辑。在新常态下，我国经济发展的环境、条件、任务、要求等都发生了新的变化，增长速度要从高速转向中高速，发展方式要从规模速度型转向质量效率型，经济结构调整要从增量扩能为主转向调整存量、做优增量并举，发展动力要从主要依靠资源和低成本劳动力等要素投入转向创新驱动。这些变化，是我国经济向形态更高级、分工更优化、结构更合理的阶段演进的必经过程。

党的十九大进一步明确提出，我国经济已由高速增长阶段转向高质量发展阶段。习近平总书记指出："现阶段，我国经济发展的基本特征就是由高速增长阶段转向高质量发展阶段。"推动高质量发展，是保持经济持续健康发展的必然要求，是适应我国社会主要矛盾变化和全面建成小康社会、全面建设社会主义现代化国家的必然要求，是遵循经济规律发展的必然要求。推动高质量发展是当前和今后一个时期确定发展思路、制定经济政策、实施宏观调控的根本要求，必须加快形成推动高质量发展的指标体系、政策体系、标准体系、统计体系、绩效评价、政绩考核，创建和完善制度环境，推动我国经济在实现高质量发展上不断取得新进展。

二、高质量发展是做好经济工作的根本要求

高质量发展，是能够很好满足人民日益增长的美好生活需要的发展，是体现新发展理念的发展，是创新成为第一动力、协调成为内生特点、绿色成为普遍形态、开放成为必由之路、共享成为根本目的的发展。更明确地说，高质量发展，就是经济发展从"有没有"转向"好不好"。更高质量、更有效率、更加公平、更可持续是高质量发展的四个关键词。第一，更高质量的要义是推动经济发展从"有没有"转向"好不好"、从"大不大"转向"强不强"。第二，更有效率的要义是以更少要素投入取得更大产出效益，集中表现为提高全要素生产率。全要素生产率是在同样数量规模的劳动、资本、土地等要素投入下，由于科技进步、资源优化配置等引致的额外经济增长率。第三，更加公平的要义是平等获得发展机会、公平参与市场竞争、全面共享发展成果。第四，更可持续的要义是永续发展，要求经济发展既同资源环境承载能力相适应，又具有源源不竭的动力。

推动高质量发展，是当前和今后一个时期确定发展思路、制定经济政策、实

施宏观调控的根本要求。必须加快形成推动高质量发展的指标体系、政策体系、标准体系、统计体系、绩效评价、政绩考核，创建和完善制度环境，推动我国经济在实现高质量发展上不断取得新进展。要牢牢把握供给侧结构性改革这条主线，不断改善供给结构，提高经济发展质量和效益。要加快推进新旧动能转换，巩固"三去一降一补"成果，加快"腾笼换鸟"、凤凰涅槃。要聚焦主导产业，加快培育新兴产业，改造提升传统产业，发展现代服务业，抢抓数字经济发展机遇。要把重点放在推动产业结构转型升级上，把实体经济做实做强做优。自主创新是推动高质量发展、动能转换的迫切要求和重要支撑，必须创造条件、营造氛围，调动各个方面创新的积极性，让每一个有创新梦想的人都能专注创新，让每一份创新活力都能充分迸发。当前，世界经济已经进入新旧动能转换期。我们要找准切入点，大力推进结构性改革，通过发展数字经济、促进互联互通、完善社会保障措施等，建设适应未来发展趋势的产业结构、政策框架、管理体系，提升经济运行效率和韧性。我们要抓住新技术、新产业、新业态不断涌现的历史机遇，营造有利的市场环境，尊重、保护、鼓励创新。我们要提倡国际创新合作，超越疆域局限和人为樊篱，集全球之智，克共性难题，让创新成果得以广泛应用，惠及更多国家和人民。在过去40年中国经济发展是在开放条件下取得的，未来中国经济实现高质量发展也必须在更加开放条件下进行。绿色发展是构建高质量现代化经济体系的必然要求，是解决污染问题的根本之策。保持加强生态文明建设的战略定力，探索以生态优先、绿色发展为导向的高质量发展新路子，要加大生态系统保护力度，打好污染防治攻坚战。

在我国这样一个经济和人口规模巨大的国家，由高速增长阶段转向高质量发展阶段并不容易。一方面，必须跨越非常规的我国经济发展现阶段特有的关口，特别是要打好防范化解重大风险、精准脱贫、污染防治三大攻坚战；另一方面，必须跨越常规性的、长期性的关口，也就是要大力转变经济发展方式、优化经济结构、转换增长动力，特别是要净化市场环境，提升人力资本素质，提高国家治理能力。要统筹做好跨越关口的顶层设计，把各项工作做好做实。

综合起来看，我国发展面临的环境更复杂，不确定性更大，风险挑战更多，但我国经济发展健康稳定的基本面没有改变，支撑高质量发展的生产要素条件没有改变，长期稳中向好的总体势头没有改变。只要坚定必胜信念，全面用好我国发展的重要战略机遇期，避免发展陷阱，克服路径依赖，实现"弯道超车"，高质量发展之路就一定会越走越宽广。

第三节 正确处理市场和政府的关系

一、坚持社会主义市场经济改革方向

坚持社会主义市场经济改革方向的核心问题是处理好政府和市场的关系。处理好政府和市场的关系，实际上就是要处理好在资源配置中市场起决定性作用还是政府起决定性作用这个问题。使市场在资源配置中起决定性作用并更好地发挥政府作用，这是我们党在理论上和实践中的又一重大推进。

我们党对政府和市场关系的认识经历了一个不断深化的过程。党的十四大提出了我国经济体制改革的目标是建立社会主义市场经济体制，提出"要使市场在社会主义国家宏观调控下对资源配置起基础性作用"。此后，对政府和市场关系，我们党一直在根据实践拓展和认识深化寻找新的科学定位。党的十八大提出"更大程度更广范围发挥市场在资源配置中的基础性作用"。党的十八届三中全会把市场在资源配置中的"基础性作用"修改为"决定性作用"。党的十九大再次强调"使市场在资源配置中起决定性作用"。这个定位，是我们党对中国特色社会主义建设规律认识的一个新突破，标志着社会主义市场经济发展进入了一个新阶段。

市场决定资源配置是市场经济的一般规律，市场经济本质上就是市场决定资源配置的经济。健全社会主义市场经济体制必须遵循这条规律，着力解决市场体系不

完善、政府干预过多和监管不到位问题。积极稳妥地从广度上和深度上推进市场化改革，大幅度减少政府对资源的直接配置，让市场在所有能够发挥作用的领域都充分发挥作用，推动资源配置实现效益最大化和效率最优化，让企业和个人有更多活力和更大空间去发展经济、创造财富。

市场在资源配置中起决定性作用，并不是起全部作用。我国实行的是社会主义市场经济体制，仍然要坚持发挥社会主义制度的优越性、发挥党和政府的积极作用。政府的职责和作用主要是保持宏观经济稳定，加强和优化公共服务，保障公平竞争，加强市场监管，维护市场秩序，推动可持续发展，促进共同富裕，弥补市场失灵。更好地发挥政府作用，不是要更多发挥政府作用，而是要在保证市场发挥决定性作用的前提下，管好那些市场管不了或管不好的事情。

使市场在资源配置中起决定性作用并更好地发挥政府作用，两者是有机统一的，不是相互否定的，不能把两者割裂开来、对立起来，既不能用市场在资源配置中的决定性作用取代甚至否定政府作用，也不能用更好发挥政府作用取代甚至否定使市场在资源配置中起决定性作用。

二、坚持和完善我国社会主义基本经济制度

以公有制为主体、多种所有制经济共同发展的基本经济制度，是中国特色社会主义制度的重要支柱，也是社会主义市场经济体制的根基。习近平总书记指出："我国基本经济制度写入了宪法、党章，这是不会变的，也是不能变的。"

公有制经济和非公有制经济都是社会主义市场经济的重要组成部分，都是我国经济社会发展的重要基础。必须毫不动摇巩固和发展公有制经济，坚持公有制主体地位，发挥国有经济主导作用，深化国有企业改革，发展混合所有制经济，培育具有全球竞争力的世界一流企业，推动国有资本做大做强做优。习近平总书记指出，国有企业是中国特色社会主义的重要物质基础和政治基础，是中国特色社会主义经济的"顶梁柱"。要按照党的十九大部署推动国有企业深化改革、提高经营管理水平，使国有企业成为贯彻新发展理念、全面深化改革的骨干力量，成为我们党执政

兴国的重要支柱和依靠力量。必须毫不动摇鼓励、支持、引导非公有制经济发展，激发非公有制经济活力和创造力。我国民营经济只能壮大、不能弱化，而且要走向更加广阔的舞台。习近平总书记指出，民营经济是社会主义市场经济发展的重要成果，是推动社会主义市场经济发展的重要力量，是推进供给侧结构性改革、推动高质量发展、建设现代化经济体系的重要主体。

公有制经济、非公有制经济应该相辅相成、相得益彰，而不是相互排斥、相互抵消。任何想把公有制经济否定掉或者想把非公有制经济否定掉的观点，都是不符合最广大人民根本利益的，都是不符合我国改革发展要求的，都是错误的。

第四节　把推进供给侧结构性改革作为主线

推进供给侧结构性改革是在全面分析国内经济阶段性特征的基础上调整经济结构、转变经济发展方式的治本良方，是培育增长新动力、形成先发新优势、实现创新引领发展的必然要求。要把推进供给侧结构性改革作为当前和今后一个时期经济发展和经济工作的主线。

一、供给和需求的辩证关系

没有需求，供给就无从实现，新的需求可以催生新的供给；没有供给，需求就无法满足，新的供给可以创造新的需求。供给侧管理和需求侧管理是调控宏观经济的两个基本手段。需求侧管理，重在解决总量性问题，注重短期调控；供给侧管理，重在解决结构性问题，注重激发经济增长动力。

进入新时代后，我国经济发展面临的问题供给和需求两侧都有，但矛盾的主要方面在供给侧。比如，一些行业和产业产能严重过剩，同时大量关键装备、核心技术、高端产品还依赖进口；农业发展形势很好，但一些供给没有很好适应需求变化；一些有大量购买力支撑的消费需求在国内得不到有效供给，消费者将大把钞票花费在出境购物、"海淘"购物上等。事实证明，我国不是需求不足，或没有需求，而是需求变了，供给的产品却没有变，质量、服务却跟不上了。有效供给能力不足带来大量"需求外溢"，导致消费能力严重外流。

推进供给侧结构性改革，理解"结构性"三个字十分重要。我国经济运行面临的突出矛盾和问题，虽然有周期性、总量性因素，但根源是重大结构性失衡。概括起来，主要表现为"三大失衡"，即实体经济结构性供需失衡、金融和实体经济失衡、房地产和实体经济失衡。必须把改善供给结构作为主攻方向，实现由低水平供需平衡向高水平供需平衡跃升。同时，世界经济结构正在发生深刻调整，我们也需要从供给侧发力，找准在世界供给市场上的定位。

二、供给侧结构性改革的根本

供给侧结构性改革的根本是使我国供给能力更好满足广大人民日益增长、不断升级和个性化的物质文化和生态环境需要。要在稳定总需求的同时，更多采取改革的办法，更多运用市场化、法治化手段，提高供给体系的质量。深化供给侧结构性改革、推动经济高质量发展，总的要求是"巩固、增强、提升、畅通"八字方针。要巩固"三去一降一补"成果，推动更多产能过剩行业加快出清，降低全社会各类营商成本，加大基础设施等领域补短板力度。增强微观主体活力，发挥企业和企业家主观能动性，建立公平开放透明的市场规则和法治化营商环境，促进正向激励和优胜劣汰，发展更多优质企业。提升产业链水平，注重利用技术创新和规模效应形成新的竞争优势，培育和发展新的产业集群。畅通国民经济循环，加快建设统一开放、竞争有序的现代市场体系，提高金融体系服务实体经济能力，形成国内市场和生产主体、经济增长和就业扩大、金融和实体经济的良性循环。

第五节　建设现代化经济体系

建设现代化经济体系是以习近平同志为核心的党中央从党和国家事业全局出发，着眼于实现"两个一百年"奋斗目标、顺应中国特色社会主义进入新时代的新要求作出的重大战略决策部署。要深刻认识建设现代化经济体系的重要性和艰巨性，科学把握建设现代化经济体系的目标和重点，推动我国经济发展焕发新活力、迈上新台阶。

一、建设现代化经济体系的重要意义

国家强，经济体系必须强。建设现代化经济体系是我国发展的战略目标，也是转变经济发展方式、优化经济结构、转换经济增长动力的迫切要求。从国内层面看，当前我国经济已由高速增长阶段转向高质量发展阶段，但中国经济体系仍存在不少深层次结构性问题，建设现代化经济体系正是针对这些问题提出来的。从国际层面看，当今的"地球村"中，中国的发展无法与世隔绝。建设现代化经济体系，正是"将中国放在全球大局的视野来看，具有世界意义，且强调国际标准、国际准则"。

建设现代化经济体系，是实现"两个一百年"奋斗目标，确保社会主义现代化强国目标如期实现的必然要求。现代化经济体系的实现，能够保证我们中华民族伟大复兴，能够保证我们实现社会主义现代化强国的这样一个目标。同时也能保证为实现其他现代化目标构建一个坚实的经济基础。现代化经济体系和我国未来分两步走在 21 世纪中叶建成富强民主文明和谐美丽的社会主义现代化强国的目标是相呼应的，也是两步走目标的重要组成部分。这个目标决定了必须建设现代化经济体系。

二、现代化经济体系的科学内涵

现代化经济体系，是由社会经济活动各个环节、各个层面、各个领域的相互关系和内在联系构成的有机整体。其"体系"二字就说明了这是一个整体，不是单一的而是复合的。习近平总书记将之分解为七个方面的建设：一是要建设创新引领、协同发展的产业体系，实现实体经济、科技创新、现代金融、人力资源协同发展，使科技创新在实体经济发展中的贡献份额不断提高，现代金融服务实体经济的能力不断增强，人力资源支撑实体经济发展的作用不断优化；二是要建设统一开放、竞争有序的市场体系，实现市场准入畅通、市场开放有序、市场竞争充分、市场秩序规范，加快形成企业自主经营公平竞争、消费者自由选择自主消费、商品和要素自由流动平等交换的现代市场体系；三是要建设体现效率、促进公平的收入分配体系，实现收入分配合理、社会公平正义、全体人民共同富裕，推进基本公共服务均等化，逐步缩小收入分配差距；四是要建设彰显优势、协调联动的城乡区域发展体系，实现区域良性互动、城乡融合发展、陆海统筹整体优化，培育和发挥区域比较优势，加强区域优势互补，塑造区域协调发展新格局；五是要建设资源节约、环境友好的绿色发展体系，实现绿色循环低碳发展、人与自然和谐共生，牢固树立和践行"绿水青山就是金山银山"理念，形成人与自然和谐发展现代化建设的新格局；六是要建设多元平衡、安全高效的全面开放体系，发展更高层次开放型经济，推动开放朝着优化结构、拓展深度、提高效益方向转变；七是要建设充分发挥市场作用、更好发挥政府作用的经济体制，实现市场机制有效、微观主体有活力、宏观调控有度。

三、建设现代化经济体系要抓好的重点工作

建设现代化经济体系，是一个系统工程，必须做到点面结合，方能让这一体系真正动起来、活起来，为中华民族的伟大复兴提供源源不断的动力。习近平总书记

强调要突出抓好五个方面工作：

第一，大力发展实体经济，筑牢现代化经济体系的坚实基础。实体经济是一国经济的立身之本，是财富创造的根本源泉，是国家强盛的重要支柱。要加快发展先进制造业，坚定不移建设制造强国。推动互联网、大数据、人工智能同实体经济深度融合，推动资源要素向实体经济集聚、政策措施向实体经济倾斜、工作力量向实体经济加强。金融是实体经济的血脉，要全面提高金融为实体经济服务的效率和水平。

第二，加快实施创新驱动发展战略，强化现代化经济体系的战略支撑。科技创新对提高社会生产力和综合国力至关重要。我国科技实力正处于从量的积累向质的飞跃、点的突破向系统能力提升的重要时期。要加强国家创新体系建设，推动以科技创新为核心的全面创新，强化战略科技力量，塑造更多依靠创新驱动、更多发挥先发优势的引领型发展。实践反复告诉我们，关键核心技术是要不来、买不来、讨不来的。要加快关键核心技术自主创新，把创新主动权、发展主动权牢牢掌握在自己手中，为经济社会发展打造新引擎。

第三，积极推动城乡区域协调发展，优化现代化经济体系的空间布局。要培育和发挥区域比较优势，落实主体功能区制度，加强区域优势互补，在协调发展中拓宽发展空间，在加强薄弱领域中增强发展后劲。统筹推进西部大开发、东北全面振兴、中部地区崛起、东部率先发展。推动京津冀协同发展，高起点规划、高标准建设雄安新区，推动粤港澳大湾区建设、长三角区域一体化发展，推动长江经济带发展。大力实施乡村振兴战略，建立健全城乡融合发展体制机制和政策体系，加快推进农业农村现代化。

第四，着力发展开放型经济，提高现代化经济体系的国际竞争力。要适应新形势、把握新特点，推动由商品和要素流动型开放向规则等制度型开放转变。统一内外资法律法规，完善公开、透明的涉外法律体系，全面实行准入前国民待遇加负面清单管理制度，持续放宽市场准入，尊重国际营商惯例，保护外资企业合法权益。推动全球经济治理体系改革完善，积极引导全球经济议程，促进国际经济秩序朝着平等公正、合作共赢的方向发展。拓展对外贸易，培育贸易新业态新模式，推进贸易强国建设。

第五，深化经济体制改革，完善现代化经济体系的制度保障。要加快完善社会主义市场经济体制，坚决破除各方面体制机制弊端，有效激发全社会创新创业活力。经济体制改革必须以完善产权制度和要素市场化配置为重点，实现产权有效激励、要素自由流动、价格反应灵活、竞争公平有序、企业优胜劣汰。要深化四梁八柱性质的改革，以增强微观主体活力为重点，推动相关改革走深走实。

建设现代化经济体系是我国发展的战略目标，是中国特色社会主义经济发展规律的必然要求，事关我们能否引领世界科技革命和产业变革潮流，事关我们能否赢得国际竞争的主动。要按照建设社会主义现代化强国的要求，加快建设现代化经济体系，为实现人民对美好生活的向往打下更为坚实而强大的物质基础。

思考题

1. 结合所学我国国情说明为什么我国经济已由高速增长阶段转向高质量发展阶段？我国经济转向高质量发展阶段的意义是什么？

2. 坚持社会主义市场经济改革方向的核心问题是处理好政府和市场的关系，谈一谈你对政府和市场关系的认识。

3. 什么是供给侧结构性改革？你认为新时代如何深化供给侧结构性改革？

4. 结合所学内容，你认为新时代如何推进现代化经济体系建设？

第七章

提高保障和改善民生水平，加强和创新社会治理

习近平总书记指出，人民对美好生活的向往就是我们的奋斗目标。党的十八大以来，以习近平同志为核心的党中央坚持以人民为中心，把增进民生福祉作为发展的根本目的，着眼于在发展中补齐民生短板，在幼有所育、学有所教、劳有所得、病有所医、老有所养、住有所居、弱有所扶上取得一系列开创性成就，改革发展成果更多、更公平、惠及全体人民，真正朝着实现全体人民共同富裕不断迈进。

第一节　带领人民创造更加幸福美好的生活

一、坚持在发展中保障和改善民生

什么是民生？民生就是指民众的基本生存和基本生活状态，是人民群众的基本发展能力、发展机会和基本权益保护状况。民生涉及生存和发展等层面，涉及生老病死、衣食住行，涉及教育、就业、医疗等方面，可以说，民生就是老百姓最关

心、最直接相关的一系列现实问题。

什么是保障民生？保障民生就是保障民众的基本生存和基本生活，解决民众的基本生活条件、基本生存条件，主要是解决温饱问题。保障民生就是要保障困难群体、弱势群体、风险群体的基本生活，帮助他们渡过生活难关。我国经过长期发展，生产力水平不断提高，在保障民生方面取得了巨大成就，且温饱问题已经得到解决。

什么是改善民生？改善民生就是在解决温饱问题的基础之上，提高民众的生活质量和生活水准。比如，不但要解决吃饭问题，还要解决如何吃得更好的问题；不但要解决穿衣问题，还要解决如何穿得更舒适、更时尚的问题。住房也是这样，不但要解决有栖身之地的问题，还要解决居住环境、居住条件宜居问题。同时，不但要解决人民群众物质生活方面的需要，还要满足精神生活、文化生活等方面的需要。

二、增进民生福祉是发展的根本目的

1. 增进民生福祉是我们党立党为公、执政为民的本质要求

带领人民创造美好生活是我们党始终不渝的奋斗目标。我们党团结带领全国各族人民进行伟大社会革命，根本目的就是让人民过上好日子。毛泽东同志早在1934年就说过："一切群众的实际生活问题，都是我们应当注意的问题。假如我们对这些问题注意了，解决了，满足了群众的需要，我们就真正成了群众生活的组织者，群众就会真正围绕在我们的周围，热烈地拥护我们。"党的一切工作必须始终把人民利益摆在至高无上的地位，必须以最广大人民的根本利益作为最高标准，多谋民生之利、多解民生之忧，坚持把人民群众的小事当作自己的大事，从人民群众关心的事情做起，从让人民群众满意的事情做起。

2. 人民群众是发展的主体，也是发展的最大受益者

如果发展不能满足人民的期待，不能让群众得到实际利益，这样的发展就失去意义，也不可能持续。习近平总书记指出："以人民为中心的发展思想，不是一个

抽象的、玄奥的概念，不能只停留在口头上、止步于思想环节，而要体现在经济社会发展各个环节。"要始终坚持发展为了人民、发展依靠人民、发展成果由人民共享，在推动经济持续健康发展的基础上，保证全体人民在共建共享发展中有更多获得感，让社会主义制度优越性得到充分体现，不断促进人的全面发展和实现全体人民共同富裕。

3. 我们党始终把推动经济发展和改善民生有机联系起来

经济发展是民生改善的物质基础，离开了经济发展，改善民生就成了无源之水、无本之木。同时也要看到，民生是做好经济社会发展工作的"指南针"，持续不断改善民生，既能有效解决群众后顾之忧，调动人民发展生产的积极性，又可以增进社会消费预期，扩大内需，催生新的经济增长点，为经济发展、转型升级提供强大内生动力。因此，既要通过发展经济为持续改善民生奠定坚实的物质基础，又要通过持续不断地改善民生为经济发展创造更多有效需求，实现两者良性循环。

我国社会主要矛盾转化为人民日益增长的美好生活需要和不平衡不充分的发展之间的矛盾，对在发展中保障和改善民生提出了新要求。要着力解决好发展不平衡、不充分问题，提升发展质量和效益，更好地满足人民在经济、政治、文化、社会、生态文明等方面日益增长的需要。

三、抓住人民最关心最直接最现实的利益问题

群众利益无小事，民生问题大于天。民生工作离老百姓最近，同老百姓生活最密切。习近平总书记指出："共产党就是为人民谋幸福的，人民群众什么方面感觉不幸福、不快乐、不满意，我们就在哪方面下功夫，千方百计为群众排忧解难。"

人民群众最期盼、最关心的问题是什么？人民群众最期盼有更好的教育、更稳定的工作、更满意的收入、更可靠的社会保障、更高水平的医疗卫生服务、更舒适的居住条件、更优美的环境，期盼着孩子们能成长得更好、工作得更好、生活得更好。要针对这些群众最关心最直接最现实的利益问题，统筹做好教育、就业、收入分配、社会保障、医疗卫生等方面工作，让群众看到变化，得到实惠。

1. 优先发展教育事业

教育是国之大计、党之大计。教育是民族振兴、社会进步的重要基石，是功在当代、利在千秋的德政工程，对提高人民综合素质、促进人的全面发展、增强中华民族创新创造活力、实现中华民族伟大复兴具有决定性意义。习近平总书记指出，在实践中，我们就教育改革发展提出一系列新理念新思想新观点，主要有以下九个方面：坚持党对教育事业的全面领导、坚持把立德树人作为根本任务、坚持优先发展教育事业、坚持社会主义办学方向、坚持扎根中国大地办教育、坚持以人民为中心发展教育、坚持深化教育改革创新、坚持把服务中华民族伟大复兴作为教育的重要使命、坚持把教师队伍建设作为基础工作。这是我们对我国教育事业规律性认识的深化，来之不易，要始终坚持并不断丰富发展。

2. 提高就业质量和人民收入水平

就业是最大的民生。要坚持就业优先战略和积极就业政策，实现更高质量和更充分就业。大规模开展职业技能培训，注重解决结构性就业矛盾，鼓励创业带动就业。提供全方位公共就业服务，促进高校毕业生等青年群体、农民工多渠道就业创业。破除妨碍劳动力、人才社会性流动的体制机制弊端，使人人都有通过辛勤劳动实现自身发展的机会。完善政府、工会、企业共同参与的协商协调机制，构建和谐劳动关系。坚持按劳分配原则，完善按要素分配的体制机制，促进收入分配更合理、更有序。鼓励勤劳守法致富，扩大中等收入群体，增加低收入者收入，调节过高收入，取缔非法收入。坚持在经济增长的同时实现居民收入同步增长、在劳动生产率提高的同时实现劳动报酬同步提高。拓宽居民劳动收入和财产性收入渠道。履行好政府再分配调节职能，加快推进基本公共服务均等化，缩小收入分配差距。

3. 加强社会保障体系建设

按照兜底线、织密网、建机制的要求，全面建成覆盖全民、城乡统筹、权责清晰、保障适度、可持续的多层次社会保障体系。全面实施全民参保计划，完善城镇职工基本养老保险和城乡居民基本养老保险制度，尽快实现养老保险全国统筹。完善统一的城乡居民基本医疗保险制度和大病保险制度。完善失业、工伤保险制度。建立全国统一的社会保险公共服务平台。统筹城乡社会救助体系，完善最低生活保障制度。坚持男女平等基本国策，保障妇女儿童合法权益。完善社会救助、社会福利、慈善事业、优抚安置等制度，健全农村留守儿童和妇女、老年人关爱服务体系。发展残疾人事业，加强残疾康复服务。坚持房子是用来住的、不是用来炒的定位，加快建立多主体供给、多渠道保障、租购并举的住房制度，让全体人民住有所居。

4. 实施健康中国战略

人民健康是民族昌盛和国家富强的重要标志。要完善国民健康政策，为人民群众提供全方位全周期的健康服务。深化医药卫生体制改革，全面建立中国特色基本医疗卫生制度、医疗保障制度和优质高效的医疗卫生服务体系，健全现代医院管理制度。加强基层医疗卫生服务体系和全科医生队伍建设。全面取消以药养医，健全药品供应保障制度。坚持预防为主，深入开展爱国卫生运动，倡导健康文明生活方式，预防控制重大疾病。实施食品安全战略，让人民吃得放心。坚持中西医并重，传承发展中医药事业。支持社会办医，发展健康产业。促进生育政策和相关经济社会政策配套衔接，加强人口发展战略研究。积极应对人口老龄化，构建养老、孝老、敬老政策体系和社会环境，推进医养结合，加快老龄事业和产业发展。

5. 坚决打赢脱贫攻坚战

消除贫困、改善民生，是我们党的重要使命。小康不小康，关键看老乡，关键看贫困老乡能不能脱贫。习近平总书记指出，如果贫困地区贫困的面貌长期得不到改变，群众生活长期得不到明显提高，那就没有体现我国社会主义制度的优越性，那也不是社会主义。党的十八大以来，以习近平同志为核心的党中央实施精准扶贫、精准脱贫，加大扶贫投入，创新扶贫方式，扶贫开发工作呈现新局面，脱贫攻坚战取得决定性进展，6000 多万贫困人口稳定脱贫，贫困发生率从10.2% 下降到 4% 以下，创造了我国扶贫史上的最好成绩。我国成为世界上减贫人口最多的国家，也是世界上率先完成联合国千年发展目标的国家。这个成就，足以载入人类社会发展史册，足以向世界证明中国共产党领导和中国特色社会主义制度的优越性。

但我们应当清醒地看到，我国脱贫攻坚形势依然严峻。截至 2019 年底，全国贫困人口还有约 1000 万人，其中相当一部分居住在艰苦边远地区，处于深度贫困状态，属于脱贫攻坚"最重的担子""最硬的骨头"。让贫困人口和贫困地区同全国一道进入全面小康社会是我们党的庄严承诺。要坚持精准扶贫、精准脱贫，确保到 2020 年我国现行标准下农村贫困人口实现脱贫，贫困县全部摘帽，解决区域性整体贫困，做到脱真贫、真脱贫。必须以更大的决心、更明确的思路、更精准的举措，加大力度、加快速度、加紧进度，众志成城实现脱贫攻坚目标，绝不能落下一个贫困地区、一个贫困群众。

脱贫攻坚贵在精准，重在精准。要在精准施策上出实招，在精准推进上下实功，在精准落地上见实效。解决好"扶持谁"的问题，确保把真正的贫困人口弄清楚，把贫困程度、致贫原因等搞清楚，找对"穷根"，明确靶向，做到扶真贫、真扶贫，做到因户施策、因人施策。解决好"谁来扶"的问题，坚持中央统筹、省负总责、市县抓落实的工作机制，强化党政"一把手"负总责的责任制，坚持大扶贫格局，健全东西部协作和党政机关、部队、人民团体、国有企业定点扶贫机制，做到分工明确、责任清晰、任务到人、考核到位。解决好"怎么扶"的问题，按照贫困地区和贫困人口的具体情况，实施"五个一批"工程，即发展生产脱贫一批、易地搬迁脱贫一批、生态补偿脱贫一批、发展教育脱贫一批、社会保障兜底一批。坚持"两不愁三保障"脱贫标准，既不降低标准，也不抬高标准。解决好"如何退"的问题，加快建立反映客观实际的贫困县、贫困户退出机制，努力做到精准脱贫。把革命老区、民族地区、边疆地区、集中连片贫困地区作为脱贫攻坚重点，支持贫困地区加快发展。

第二节　打造共建共治共享的社会治理格局

社会治理是国家治理的重要组成部分。加强和创新社会治理，是完善和发展中国特色社会主义制度、推进国家治理体系和治理能力现代化的重要内容。党的十九大从中国特色社会主义新时代的实际出发，坚持以人民为中心，提出打造共建共治共享的社会治理新格局，作出加强和创新社会治理的一系列重大部署，为进一步推进社会治理创新指明了方向、提供了遵循。

一、坚持以人民为中心，明确共建共治共享的社会治理理念

社会治理是以社会多元主体参与为基础，以维护和改善人民群众根本利益为核心，针对社会发展中的各种问题，协调社会利益、化解社会矛盾，促进社会公平，推动社会有序发展的过程。

习近平总书记指出："治理和管理一字之差，体现的是系统治理、依法治理、源头治理、综合施策。"主要特征：一是社会治理主体的一主多元性。加强党委领导，发挥政府主导作用，鼓励和支持社会组织和个体等参与社会治理，实现政府治理与社会调节、居民自治良性互动。二是社会治理的过程性。社会治理是动态的、发展的，是随着社会经济政治的变化而不断发展的。三是社会治理的协调性。社会作为一个有自组织能力的有机体，存在自我生存、自我发展、自我纠错、自我修复的功能，社会治理不是用强力去破坏这种功能，而是通过协调多方利益使其功能得到更好的发挥。四是社会治理的互动性。社会治理的目的是协调社会利益，引导社会达成利益共识。因此，社会治理必然表现出多元主体参与、表达利益诉求、平等协商、相互配合的互动性。

社会治理的核心是人。加强和创新社会治理，首先要明确"为了谁、依靠谁"这一根本问题。党的十九大凝练提出"共建、共治、共享"的社会治理理念，提出"打造共建共治共享的社会治理格局"目标。这是贯彻以人民为中心，加强和创新社会治理的根本价值选择。要牢固树立社会治理一切为了人民的理念，始终把实现好、维护好、发展好最广大人民根本利益作为社会治理的出发点和落脚点，切实做到社会治理为了人民、依靠人民、成果由人民共享，使人民获得感、幸福感、安全感更加充实、更有保障、更可持续。

社会治理要坚持共建的理念。人民是社会的主人，是社会建设的主体，是推动

社会发展的决定力量。社会治理要充分尊重人民的意志，反映人民的意愿，集中人民的智慧，汇聚人民的力量。唯有紧紧依靠人民群众、团结人民群众，充分发挥人民群众的积极性、主动性、创造性，才能推动形成有效的社会治理、良好的社会秩序。

社会治理要坚持共治的理念。经过改革开放 40 年的发展，我国社会主要矛盾发生变化，人民对美好生活的需要不断增长，对民主、法治、公平、正义、安全、环境等需求日益凸显，参与意识大大增强。现代社会是多元社会，不同群体和个人都期望通过参与社会治理实现自己的利益诉求。同时，社会发展的不平衡、不充分也积累了大量的社会矛盾和问题，需要在各种社会主体的共同参与下才能得到有效解决。创新社会治理体制，就要进一步优化社会治理主体格局，从重政府"包揽"、轻多方参与，转向社会多元主体共治，既发挥党委、政府的领导和主导作用，又鼓励和支持人民群众参与治理，保障和实现人民参与权利，形成社会治理的合力。

社会治理要坚持共享的理念。共享是中国特色社会主义的本质要求。我们追求的发展是造福人民的发展，我们追求的富裕是全体人民共同富裕，我们需要的秩序是人民群众安居乐业。改革发展搞得成功不成功，最终的判断标准是人民是不是共同享受到了改革发展成果。共享治理成果，要求我们时刻把最广大人民利益作为根本坐标，把百姓生活、生计放在心上，采取有力措施解决好民生问题，作出更有效的制度安排，朝着实现全体人民共同富裕目标不断迈进。

二、着力做好重点工作，切实提高社会治理实效性

党的十九大立足新时代坚持和发展中国特色社会主义，明确了推进社会建设的目标要求：到 2035 年，我国现代社会治理格局基本形成，社会充满活力又和谐有序；到 21 世纪中叶，我国社会文明将全面提升，人民将享有更加幸福安康的生活。我们要适应新形势新要求，不断创新社会治理体制机制，不断提高社会治理水平，一步一步把宏伟目标变为现实。

一是加强社会治理制度建设，完善党委领导、政府负责、社会协同、公众参与、法治保障的社会治理体制，提高社会治理社会化、法治化、智能化、专业化水平。二是加强预防和化解社会矛盾机制建设，正确处理人民内部矛盾。三是树立安全发展理念，弘扬生命至上、安全第一的思想，健全公共安全体系，完善安全生产责任制，坚决遏制重特大安全事故，提升防灾减灾救灾能力。四是加快社会治安防控体系建设，依法打击和惩治黄赌毒黑拐骗等违法犯罪活动，保护人民人身权、财产权、人格权。五是加强社会心理服务体系建设，培育自尊自信、理性平和、积极向上的社会心态。六是加强社区治理体系建设，推动社会治理重心向基层下移，发挥社会组织作用，实现政府治理和社会调节、居民自治良性互动。

第三节　全面贯彻落实总体国家安全观

习近平总书记指出，坚持总体国家安全观，必须坚持国家利益至上，以人民安全为宗旨，以政治安全为根本，统筹外部安全和内部安全、国土安全和国民安全、传统安全和非传统安全、自身安全和共同安全，完善国家安全制度体系，加强国家安全能力建设，坚决维护国家主权、安全、发展利益。这一重大论断，准确把握新时代国家安全形势变化的新特点新趋势，深刻揭示了总体国家安全观的原则要求和丰富内涵。

一、总体国家安全观的科学内涵

安全是指客观上没有或很少威胁、主观上没有或很少恐惧感。那么，国家安全是指国家政权、主权、统一和领土完整、人民福祉、经济社会可持续发展和国家其他重大利益相对处于没有危险和不受内外威胁的状态，以及保障持续安全状态的能力。当今世界大国的国家安全观都是大安全观念，既涵盖了传统安全，又包括了各种非传统安全。那么，传统安全主要包括一个国家的军事安全、政治安全、意识形态安全，非传统安全指的是经济安全、金融安全、社会安全、文化安全、生态环境安全等。所以，既有内部安全，也有外部安全，还涵盖了全球安全。总体国家安全观的内涵主要包括以下三个方面：

1. 总体国家安全观是整体性的安全观

总体国家安全观的"总体"是指整体性，要求人们以整体的眼光来审视国家安全问题。总体国家安全不是各种国家安全的简单相加，我们不能以线性思维对其进行简单化的理解。如今，我国国家安全问题相互联系、相互影响、相互促动，体现出明显的联动效应。总体国家安全观强调的是统筹各类国家安全彼此之间的关联与互动以及由此而引发的整体性影响，以整体、全面、系统的方法来应对复杂的国家安全风险和危机。

在经济全球化时代，由于各个部门、领域的相互联系、交流日益密切，其间的界限不断被安全风险所突破。加之信息高度透明，各种国家安全风险越发具有跨界性与耦合性。它们相互叠加、交织成为系统性风险，很可能会引发"蝴蝶效应"。全面、准确理解总体国家安全观，需要清醒地认识到各种安全之间的差别与界限的模糊性及其彼此之间的重叠、关联、互动关系。在实践中，各领域的国家安全工作要站在总体国家安全观的高度，用整体论与系统论的方法，审视本领域国家安全与其他领域国家安全的相互关联、促动，而不是站在本位主义的立场突出某一方面的安全。

2. 总体国家安全观是开放性的安全观

2014年4月15日，习近平总书记在中央国家安全委员会第一次全体会议上首次提出总体国家安全观。在阐述总体国家安全观时，他提出要构建集政治安全、国土安全、军事安全、经济安全、文化安全、社会安全、科技安全、信息安全、生态安全、资源安全、核安全等于一体的国家安全体系。这一安全观具有包容性、开放性、动态性，国家安全体系不只涉及上述11种国家安全。例如，在新《国家安全法》中，国家安全涉及了深海、太空、极地等安全问题，共有19种之多。

目前，人类社会正处于剧烈、深刻的变革与转型之中，影响国家安全的前瞻性、颠覆性技术不断出现，由此带来的新问题将会不断凸显并加以"安全化"。我国发展面临的风险既包括可以预见的风险，也包括不可预见的风险，各种风险交织、叠加后不断形成新的风险。因此，我国国家安全体系所涉及的安全领域将会被不断地进行动态调整。

3. 总体国家安全观是"两点论"与"重点论"的统一

总体国家安全观强调处理好五对重要关系：既重视外部安全，又重视内部安全；既重视国土安全，又重视国民安全；既重视传统安全，又重视非传统安全；既重视发展问题，又重视安全问题；既重视自身安全，又重视共同安全。在经济全球化时代，总体国家安全观对外部与内部安全、国土与国民安全、传统与非传统安全、发展问题与安全问题、自身安全与共同安全的同时强调，体现了当今时代安全风险的跨界性、渗透性与交互性。同时，"两点论"不是均衡论，两点是有重点的两点，重点是两点中的重点。在不同的历史时期，国家安全的侧重维度有所不同。在新时代，随着中国国力与军力的日益增强，国家安全威胁主要不再来自外部军事入侵，而为大国之间综合实力的博弈取而代之。此外，总体国家安全观虽然也强调重视自身与共同安全，但维护自身安全、捍卫国家核心利益与重要利益是至高无上的。在处理错综复杂的国家安全问题时，习近平总书记强调要"聚焦重点，抓纲带目"。当前和今后一个时期，要着重抓好政治安全、国土安全、经济安全、社会安全、网络安全、外部安全等重点领域的国家安全工作。

二、全面贯彻落实总体国家安全观

1. 必须坚持统筹发展和安全两件大事

既要善于运用发展成果夯实国家安全的实力基础，又要善于塑造有利于经济社会发展的安全环境。安全和发展是一体之两翼、驱动之双轮。发展是安全的基础。建立在发展基础上的安全才更可靠、更可持续。要从国情出发，坚持发展是解决中国一切问题的关键，坚持在改革发展中促进国家安全，增强发展的全面性、协调性、可持续性，从源头上预防和减少安全问题的产生。安全是发展的保障。一个国家选择什么样的国家安全战略，决定了这个国家生存、发展与兴盛之路。实施发展和安全并重的国家安全战略，既要善于运用发展成果夯实国家安全的实力基础，又要善于塑造有利于经济社会发展的安全环境，做到坚持发展不停步、维护安全不懈怠。

2. 必须坚持人民安全、政治安全、国家利益至上的有机统一

人民安全是国家安全的宗旨，政治安全是国家安全的根本，国家利益至上是国家安全的准则，实现人民安居乐业、党的长期执政、国家长治久安。以人民安全为宗旨就是要坚持以人民为中心，维护人民的根本利益，保障人民当家作主的各项权利，保障人民生命财产安全和其他合法权益，为人民创造良好生存发展条件和安定生产生活环境。以政治安全为根本，就是要坚持党的领导和中国特色社会主义制度不动摇，把制度安全、政权安全放在首要位置，为国家安全提供根本的政治保证。以国家利益至上为准则，就是要把国家利益作为制定国家安全战略的出发点，牢固树立捍卫国家利益的机遇意识，强化捍卫国家利益的底线思维，创新捍卫国家利益的方式方法，更坚决更有效地维护好捍卫好国家利益尤其是核心利益。习近平总书记强调，要坚持人民安全、政治安全、国家利益至上的有机统一，实现人民安居乐业、党的长期执政、国家长治久安。

3. 必须坚持维护和塑造国家安全

塑造是更高层次更具前瞻性的维护，要发挥负责任大国作用，同各国一道，推动构建人类命运共同体。这是新时代国家安全的基本定位。塑造是更高层次更具前瞻性的维护。当前我国正处于中华民族伟大复兴的关键阶段，也处于从发展中大国迈向社会主义现代化强国的关键时期。新时代国家安全，既要解决好大国发展进程中面临的安全共性问题，更要处理好中华民族伟大复兴关键阶段面临的特殊安全问题。要立足国际秩序大变局来把握规律，立足防范风险大前提来谋划思路，立足我国发展历史机遇期大背景来统筹工作，做到国家利益延伸到哪里、安全保障就跟进到哪里，为国家发展创造良好的外部安全环境。

4. 坚持科学统筹，始终把国家安全置于中国特色社会主义事业全局中来把握

充分调动各方面积极性，形成维护国家安全合力。坚持总体国家安全观，要求始终把国家安全置于中国特色社会主义事业全局中来把握，充分调动各方面积极性，形成国家安全合力。要统筹外部安全和内部安全，对内求发展、求变革、求稳定，建设平安中国；对外求和平、求合作、求共赢，维护世界和平与发展。统筹国土安全和国民安全，坚持以民为本、以人为本，坚持国家安全一切为了人民、一切依靠人民，真正夯实国家安全的群众基础。统筹传统安全和非传统安全，构建集政治安全、国土安全、军事安全、经济安全、文化安全、社会安全、科技安全、网络安全、生态安全、资源安全、核安全、海外利益安全等于一体的国家安全体系。统筹自身安全和共同安全，构建人类命运共同体，推动各方朝着互利互惠、共同安全的目标相向而行。

思考题

1. 什么是民生？你认为怎样提高保障和改善民生水平？

2. 什么是社会治理？你认为怎样加强和创新社会治理？

3. 什么是总体国家安全观？你认为怎样全面贯彻落实总体国家安全观？

第八章

建设具有强大凝聚力和引领力的
社会主义意识形态

党的十八大以来，以习近平同志为核心的党中央高度重视意识形态工作，就意识形态领域的许多方向性、战略性问题作出部署，从根本上扭转了意识形态领域一度出现的被动局面，使我国意识形态领域形势发生了全局性、根本性的转变，巩固和发展了主流意识形态。同时要看到，意识形态领域仍不平静，斗争和较量有时十分尖锐。

第一节　意识形态关乎旗帜、关乎道路、
关乎国家政治安全

一、什么是意识形态工作

"意识形态"（Ideology）一词最早是由法国哲学家特拉西于 19 世纪初提出的，用来指"观念的科学"。马克思主义认为，意识形态是指反映社会的经济关系、阶

级关系的社会意识，主要包括政治法律思想、道德、艺术、宗教、哲学等。

进入新时代后，随着人文社会科学学科专业的快速发展，意识形态的内涵和外延已经发生了很大的变化。在习近平新时代中国特色社会主义思想体系中，意识主要指的是思想观念、价值取向，形态是一种状态。意识形态也就是指即思想观念、价值取向的状态。意识形态工作指传播思想观念、价值取向的工作。例如，广播、电影、电视、图书、报刊、网络、教育、文化、宗教、党建、思想政治工作等做的都是传播思想观念、价值取向的工作，所以它们都属于意识形态工作范畴。

1. 意识形态工作是党的一项极端重要的工作

习近平总书记指出："能否做好意识形态工作，事关党的前途命运，事关国家长治久安，事关民族凝聚力和向心力。"在集中精力进行经济建设的同时，必须一刻也不放松和削弱意识形态工作。要看到，巩固党的群众基础和执政基础，不能说只要群众物质生活好就可以了，精神上丧失群众基础，最终也会出问题。一个政权的瓦解往往是从思想领域开始的，政治动荡、政权更迭可能在一夜之间发生，但思想演化是个长期过程，思想防线被攻破了，其他防线就很难守住。在意识形态领域斗争上，我们没有任何妥协、退让的余地，必须把意识形态工作的领导权、管理权、话语权牢牢掌握在手中，任何时候都不能旁落，否则就要犯无可挽回的历史性错误。

2. 意识形态工作的根本任务

巩固马克思主义在意识形态领域的指导地位，巩固全党全国各族人民团结奋斗的共同思想基础，是意识形态工作的根本任务。必须建设具有强大凝聚力和引领力的社会主义意识形态，使全体人民在理想信念、价值理念、道德观念上紧紧团结在一起。要深刻认识马克思主义是我们立党立国的根本指导思想，在坚持马克思主义指导地位这一根本问题上，必须坚定不移，任何时候、任何情况下都不能有丝毫动摇。意识形态工作本质上做的是政治工作。民心是最大的政治，要把凝聚民心作为意识形态工作的出发点和落脚点，坚持以人民为中心的工作导向，为党的中心工作服务，为维护最广大人民根本利益服务。要加强和改进正面宣传，增强吸引力和感染力，营造强大的正面思想舆论。

3. 意识形态工作的基本职责

要把围绕中心、服务大局作为基本职责，胸怀大局、把握大势、着眼大事，找准工作切入点和着力点，做到因势而谋、应势而动、顺势而为。新时代坚持和发展中国特色社会主义，既要有硬实力，也要有软实力，既要切实做好中心工作为意识形态工作提供坚实物质基础，又要切实做好意识形态工作为中心工作提供有力保障。要站稳政治立场，坚定宣传党的理论和路线方针政策，坚定宣传中央重大工作部署，坚定宣传中央关于形势的重大分析判断，坚决同党中央保持高度一致，坚决维护党中央权威。要坚持党管宣传、党管意识形态、党管媒体，党性原则不仅要讲，而且要理直气壮地讲，不能躲躲闪闪、扭扭捏捏。

4. 做好意识形态工作，关键在党，关键在党的各级组织

坚持全党动手抓意识形态工作，各级党的组织都要落实意识形态工作责任制，旗帜鲜明支持正确思想言论，旗帜鲜明抵制各种错误思潮。对大是大非问题、政治原则问题绝不能含糊其辞，更不能退避三舍，必须以战斗的姿态、战士的担当，敢抓敢管、敢于亮剑，不做"骑墙派"和"看风派"，不能搞"爱惜羽毛"那一套。党委主要负责同志要带头抓意识形态工作，旗帜鲜明站到意识形态工作第一线，把意识形态工作领导权牢牢掌握在忠于党和人民的人手里。

二、意识形态事关国家前途命运

意识形态决定文化前进方向和发展道路，对一个政党、一个国家、一个民族的生存发展至关重要。

1. 社会主流意识形态的建构

任何一个国家，想要经济持续发展，社会稳定地向前推进，一个不可忽视的因素就是要构建社会主流意识形态。也就是说，任何一个社会都存在多种多样的意识形态，要把全社会意识形态的意志凝聚起来，必须有一套与经济基础和政治制度相适应并能形成广泛社会共识的主流意识形态，以此整合社会意识，使社会系统得以正常运转。

我国古代很早就提出了"礼义廉耻，国之四维"，后经历代儒家的吸收融合，逐步形成了以"三纲五常"为主要内容的主流意识形态，成为中国封建社会两千多年超稳定结构的精神支撑。

在西方，资产阶级在反对封建统治、夺取政权的斗争中，掀起了文艺复兴和思想启蒙运动，提出"自由、平等、博爱"的思想观念，形成了一套以个人主义为主要内容的思想和价值体系，对建立和巩固资本主义制度发挥了重要作用，资产阶级已经构建起了一套适应其经济发展的主流意识形态。

2. 发展主流意识形态可以使我们在激烈的国际竞争中赢得主动

从国际上看，经济全球化趋势深入发展，各种思想文化相互激荡，不同文明交流、交融、交锋更加频繁，进一步凸显了文化软实力在综合国力竞争中的战略地位，凸显了意识形态在社会发展和国家安全中的"生命线"作用。

2018 年 6 月 22 日至 23 日，中央外事工作会议在北京召开，习近平同志在会上发表重要讲话，他强调："既要把握各种文明交流互鉴的大势，又要重视不同思想文化相互激荡的现实。"

基础不牢，地动山摇。信念不牢也是要地动山摇的。苏联解体、苏共垮台、东欧剧变不就是这个逻辑吗？苏共拥有 20 万党员时夺取了政权，拥有 200 万党员时打败了希特勒，而拥有近 2000 万党员时却失去了政权。在那场动荡中，竟无一人是男儿，没什么人出来抗争。什么原因？就是理想信念已经荡然无存了。苏联为什么解体？苏共为什么垮台？一个重要原因就是意识形态领域的斗争十分激烈，全面否定苏联历史、苏共历史，否定列宁，否定斯大林，搞历史虚无主义，思想搞乱了，各级党组织几乎没任何作用了，军队都不在党的领导之下了。最后，苏联共产党偌大一个党就作鸟兽散了，苏联偌大一个社会主义国家就分崩离析了。

3. 发展主流意识形态是我们自觉适应和主动引导思想意识多元多样多变的必然要求

一是思想意识的多元化。由于利益多元化和社会分层的变化，人们的思想意识也日趋多元化。二是思想意识的多样化。这是由于职业多样化、阅读工具多样化以及意识形态变化带来的。三是思想意识的多变化。由于经济全球化的加速和市场经济的深入发展，经济社会发展非常快，因此人们的思想意识也千变万化。

在思想意识多元、多样、多变中，如何形成最大共识、最大公约数？这就必须要通过以社会主义核心价值观为基础的主流意识形态的构建来解决这个问题，把人们的思想真正统一起来，形成凝聚力和向心力。

第二节　意识形态领域形势依然复杂、挑战依然严峻

党的十八大以来，以习近平同志为核心的党中央不断加大意识形态工作力度，有效扭转了意识形态领域一度出现的被动局面，意识形态领域总体保持了向上向好态势。但我们同时要看到，意识形态领域仍不平静，面对的形势依然错综复杂，面临的风险挑战依然严峻，意识形态斗争和较量有时十分尖锐。

一、马克思主义指导思想地位依然面临各种社会思潮的挑战

2016 年 5 月 17 日，习近平同志在哲学社会科学工作座谈会上指出：在对待坚持以马克思主义为指导问题上，社会上存在一些模糊甚至错误的认识。有的认为马克思主义已经过时，中国现在搞的不是马克思主义；有的说马克思主义只是一种意识形态说教，没有学术上的学理性和系统性。实际工作中，在有的领域中马克思主义被边缘化、空泛化、标签化，在一些学科中"失语"、教材中"失踪"、论坛上"失声"，这是哲学社会科学领域中出现的"三失"。

当前，多样化社会思潮暗流涌动，多元化思想观点激烈交锋。比如，意识形态"终结论""淡化论"一直鼓吹"去意识形态化""非意识形态化"等错误观点，挑战马克思主义在意识形态领域的指导地位；新自由主义、历史虚无主义、质疑改革开放和质疑中国特色社会主义等错误思潮余音未绝。

二、中国快速发展面临各种敌对势力遏制的挑战

2015 年 12 月 11 日至 12 日，全国党校工作会议在北京召开，习近平同志发表重要讲话，他指出：在当今时代，社会思想观念和价值取向日趋活跃，主流的和非主流的同时并存，先进的和落后的相互交织，社会思潮纷纭激荡。思想舆论领域大致有红色、黑色、灰色"三个地带"。红色地带是我们的主阵地，一定要守住；黑色地带主要是负面的东西，要敢于亮剑，大大压缩其地盘；灰色地带要大张旗鼓争取，使其转化为红色地带。

落后就要挨打，贫穷就要挨饿，失语就要挨骂。形象地讲，长期以来，我们党带领人民就是要不断解决"挨打""挨饿""挨骂"这三大问题。经过几代人不懈奋斗，前两个问题基本得到解决，但"挨骂"问题还没有得到根本解决。争取国际话语权是我们必须解决好的一个重大问题。

随着中国日益走近世界舞台中央，一些西方国家的敌对势力一方面大肆渲染"中国威胁论""中国称霸论"，另一方面鼓吹"塔西佗陷阱""修昔底德陷阱""中等收入陷阱""金德尔伯格陷阱"等各式各样的"陷阱论"和"中国崩溃论"，企图影响中国快速发展进程。我们必须清醒认识到，西方敌对势力对我实施西化、分化、弱化的图谋一直没有改变，种种论调和措施在深层次上体现为意识形态领域的斗争。

三、意识形态管理工作方式面临移动互联网迅猛发展的挑战

"因网而生、因网而增"已经是意识形态领域许多新问题产生发酵传播的显著特点。2019 年 10 月 20 日第六届世界互联网大会在浙江乌镇开幕。国家主席习近平致贺信。习近平总书记指出，2019 年是互联网诞生 50 周年。当前，新一轮科技革命和产业变革加速演进，人工智能、大数据、物联网等新技术、新应用、新业态方兴未艾，互联网迎来了更加强劲的发展动能和更加广阔的发展空间。移动互联网

已经成为信息传播的主渠道。

与此同时，意识形态领域也正在加速发生"移动化革命"，维护移动新媒体意识形态安全已经成为工作的重中之重。一些西方国家凭借长期积累的话语强势和对信息技术的控制权，将移动新媒体作为对我国进行意识形态渗透的主要依托。在意识形态话语权争夺中，我们现有的意识形态管理工作方式还不能够完全适应各种新媒体的迅猛发展。

习近平总书记指出：发展好、运用好、治理好互联网，让互联网更好地造福人类，是国际社会的共同责任。各国应顺应时代潮流，勇担发展责任，共迎风险挑战，共同推进网络空间全球治理，努力推动构建网络空间命运共同体。

第三节　坚定不移做好新时代意识形态工作

一、深入学习贯彻习近平新时代中国特色社会主义思想

马克思主义是我们立党立国的指导思想，是社会主义意识形态的旗帜和灵魂。习近平新时代中国特色社会主义思想是全党全国人民的思想之旗、精神之魂，承载着中国共产党人的初心和使命，以坚定的理想信念、深邃的历史洞察、强烈的责任担当深刻揭示了强党之路、强国之路、复兴之路。要建设具有强大凝聚力和引领力的社会主义意识形态，必须深入学习贯彻习近平新时代中国特色社会主义思想，在学懂弄通做实上狠下功夫，增进政治认同、思想认同、情感认同，切实做到学、思、用贯通，知、信、行统一。

1. 要在学懂上狠下功夫

坚持读原著、学原文、悟原理，全面系统学、及时跟进学、深入思考学、联系实际学。要提高政治站位，抓住本质精髓，力求融会贯通，深刻理解这一思想的基

本精神、基本内容、基本要求，深刻把握这一思想的科学体系和原创性贡献，深刻领会贯穿其中的马克思主义思想方法和工作方法，不断夯实增强"四个意识"、坚定"四个自信"、做到"两个维护"的思想根基。

2. 要在弄通上狠下功夫

把学习领会习近平新时代中国特色社会主义思想同学习马克思列宁主义、毛泽东思想、邓小平理论、"三个代表"重要思想、科学发展观贯通起来，同学习党史、国史、社会主义发展史贯通起来，同进行伟大斗争、建设伟大工程、推进伟大事业、实现伟大梦想的实践贯通起来，准确把握这一思想的理论逻辑、历史逻辑、实践逻辑。

3. 要在做实上狠下功夫

广大青年要自觉树立对马克思主义的信仰、对中国特色社会主义的信念、对中华民族伟大复兴中国梦的信心；自觉运用马克思主义立场、观点、方法观察分析问题，坚定正确政治方向，坚定听党话、跟党走的人生追求；要积极投身新时代中国特色社会主义伟大事业，在实现中国梦的生动实践中放飞青春梦想，在为人民利益的不懈奋斗中书写人生华章。

二、培育和践行社会主义核心价值观

价值是在实践基础上形成的客体对主体活动所具有的积极意义。对于什么是价值观，定义很多，人们莫衷一是。价值观是人们在实践中形成的判断好坏善恶美丑的标准体系、决定奋斗方向的目标体系及其要求的统一。核心价值观是一个民族赖以维系的精神纽带，是一个国家共同的思想道德基础。如果没有共同的核心价值观，一个民族、一个国家就会魂无定所、行无依归。能否构建具有强大感召力的核心价值观，关系社会和谐稳定，关系国家长治久安。要建设具有强大凝聚力和引领力的社会主义意识形态，必须培育和践行社会主义核心价值观，用社会主义核心价值观凝心聚力。

1. 要修德，加强道德修养，注重道德实践

古人说："大学之道，在明明德，在亲民，在止于至善。"核心价值观，其实就是一种德，既是个人的德，也是一种大德，就是国家的德、社会的德。"德者，本也。"蔡元培先生说过："若无德，则虽体魄智力发达，适足助其为恶。"道德之于个人、之于社会，都具有基础性意义，做人做事第一位的是崇德修身。这就是我们的用人标准为什么是德才兼备、以德为先，因为德是首要、是方向，一个人只有明大德、守公德、严私德，其才方能用得其所。修德，既要立意高远，又要立足平实。要立志报效祖国、服务人民，这是大德，养大德者方可成大业。同时，还得从做好小事、管好小节开始起步，"见善则迁，有过则改"，踏踏实实修好公德、私德，学会劳动、学会勤俭，学会感恩、学会助人，学会谦让、学会宽容，学会自省、学会自律。

作为新时代青年，要善于从中华民族传统美德中汲取道德滋养，从英雄人物和时代楷模的身上感受道德风范，从自身内省中提升道德修为，明大德、守公德、严私德，自觉抵制拜金主义、享乐主义、极端个人主义、历史虚无主义等错误思想，追求更有高度、更有境界、更有品位的人生！

2. 要勤学，下得苦功夫，求得真学问

知识是树立核心价值观的重要基础。"青春虚度无所成，白首衔悲亦何及。"在当今时代，知识更新不断加快，社会分工日益细化，新技术、新模式、新业态层出不穷。这既为青年施展才华、竞展风采提供了广阔舞台，也对青年能力素质提出了新的更高要求。

作为新时代青年，要珍惜韶华、不负青春，努力学习掌握科学知识，提高内在素质，锤炼过硬本领，使自己的思维视野、思想观念、认识水平跟上越来越快的时代发展。要增强学习紧迫感，如饥似渴、孜孜不倦地学习，努力学习马克思主义立场观点方法，努力掌握科学文化知识和专业技能，努力提高人文素养，在学习中增长知识、锤炼品格，在工作中增长才干、练就本领，以真才实学服务人民，以创新创造贡献国家！

3. 要力行，知行合一，做实干家

道不可坐论，德不能空谈。学到的东西，不能停留在书本上，不能只装在脑袋里，而应该落实到行动上，做到知行合一、以知促行、以行求知，这样，核心价值

观才能内化为人们的精神追求，外化为人们的自觉行动。每一项事业，不论大小，都是靠脚踏实地、一点一滴干出来的。"道虽迩，不行不至；事虽小，不为不成。"做人做事，最怕的就是只说不做，眼高手低。不论学习还是工作，都要面向实际、深入实践，实践出真知；都要严谨务实，一分耕耘一分收获，苦干实干。

作为新时代青年，要勇做走在时代前列的奋进者、开拓者、奉献者，毫不畏惧地面对一切艰难险阻，在劈波斩浪中开拓前进，在披荆斩棘中开辟天地，在攻坚克难中创造业绩，用青春和汗水创造出让世界刮目相看的新奇迹！

三、着力打赢全媒体时代网络意识形态斗争

1. 近代以来媒体格局演变的发展轨迹

近代以来媒体的发展，深受产业革命影响，呈现出技术迭代引领媒体格局演变的发展轨迹。回望历史，正是纸张的普及、印刷技术的大发展，推动传媒领域进入"铅与火"的平面媒体时代。在这个时代，报纸、刊物代表着最先进的大众传播手段。随着电信技术的发展，传媒领域又进入了"光与电"的立体媒体时代。在这个时代，广播、电视成为覆盖更广、受众更多的大众传播手段。20世纪90年代以来，互联网的迅猛发展，对信息的生成方式、传播方式、接收方式带来从未有过的革命性影响，正在迅速重塑传媒格局，推动当今世界进入"数与网"的全媒体时代。2019年8月30日，中国互联网络信息中心（CNNIC）发布第44次《中国互联网络发展状况统计报告》。报告显示，截至2019年6月，我国网民规模为8.54亿，互联网普及率达61.2%；其中，我国手机网民规模8.47亿，网民使用手机上网比例为99.1%。

习近平总书记指出："全媒体不断发展，出现了全程媒体、全息媒体、全员媒体、全效媒体，信息无处不在、无所不及、无人不用。"这是对全媒体时代特征概括的点睛之笔。"全程"，描述的是媒体的无界化。信息传播日益突破时空界限，随时随地都在发生，呈现出全球化、零时差、"五加二""白加黑"，同进度、齐直播的鲜明特点。"全息"，描述的是媒体的数字化。信息传播日益突破物理限制，

所有信息都可以数据化，并在一张网上传播，电脑、平板、手机等不同电子设备同步呈现，日益"一体化"，一部智能化手机，比几年前的电脑、平板功能还要强大。"全员"，描述的是媒体的互动化。信息传播日益突破主体的限制，从一对多"我说你听""我写你看"的单向传播，变成了多对多"人人都有麦克风"的互动式传播，人们参与的广度深度极大拓展。"全效"，描述的是媒体的多功能化。信息传播日益突破传统的功能界限，原本是单一传播的文字、图片、声音、视频等，今天日益全效能传播，内容、信息、社交、服务融为一体。

2. 坚决打赢全媒体时代网络意识形态领域斗争

习近平总书记指出，"谁掌握了互联网，谁就把握住了时代主动权；谁轻视互联网，谁就会被时代所抛弃"，"过不了互联网这一关，就过不了长期执政这一关"。要建设具有强大凝聚力和引领力的社会主义意识形态，必须坚持正能量是总要求，管得住是硬道理，用得好是真本事，科学认识网络传播规律，提高用网治网水平，着力打赢全媒体时代网络意识形态领域斗争，推动互联网这个最大变量变成事业发展的最大增量。

理直气壮唱响网上主旋律，巩固壮大主流思想舆论，是掌握互联网战场主动权的重中之重。要加强互联网内容建设，做强网上正面宣传，旗帜鲜明地坚持正确政治方向、舆论导向、价值取向，用习近平新时代中国特色社会主义思想团结、凝聚亿万网民，推进网上宣传理念、内容、形式、方法、手段等创新，把握好时度效，构建网上网下同心圆，更好凝聚社会共识。要深入开展网上舆论斗争，严密防范和抑制网上攻击渗透行为，组织力量对错误思想观点进行批驳。不负责任的言论少一些，对我国社会发展、社会稳定、人民安居乐业只有好处没有坏处。

必须深刻认识全媒体时代的挑战和机遇，推动媒体融合发展，加快构建融为一体、合而为一的全媒体传播格局。媒体融合发展是一篇大文章。传统媒体和新兴媒体不是取代关系，而是迭代关系；不是谁主谁次，而是此长彼长；不是谁强谁弱，而是优势互补。融合不是简单嫁接，而是要尽快从相加阶段迈向相融阶段，从"你是你、我是我"变成"你中有我、我中有你"，进而变成"你就是我、我就是你"。全面把握媒体融合发展的趋势和规律，推动媒体融合向纵深发展。要坚持一体化发展方向，实现各种媒介资源、生产要素有效整合，实现信息内容、技术应用、平台终端、管理手段共融互通，打造一批具有强大影响力、竞争力的新型主流媒体。坚持移动优先策略，让主流媒体借助移动传播，牢牢占据舆论引导、思想引领、文化传承、服务人民的传播制高点。探索将人工智能运用在新闻采集、生产、分发、接收、反馈中，全面提高舆论引导能力。

加强网络空间治理，构建良好网络秩序。网络空间天朗气清、生态良好，符合人民利益；网络空间乌烟瘴气、生态恶化，不符合人民利益。要依法依规加强网络空间治理，推动依法管网、依法办网、依法上网，确保互联网在法治轨道上健康运行。提高网络综合治理能力，形成党委领导、政府管理、企业履责、社会监督、网民自律等多主体参与，经济、法律、技术等多种手段相结合的综合治网格局。加强持续深入开展净网专项行动，清理违法和不良信息，依法惩治网络违法犯罪行为，营造安全文明的网络环境。加强网络伦理、网络文明建设，营造健康网络生态，使我们的网络空间更加纯净。

思考题

1. 结合专题讲授内容，谈谈你对党的十八大以来习近平总书记关于意识形态工作新思想、新观点、新论断的学习体会。

2. 结合所学专业和行业发展趋势，你认为如何才能进一步做好新时代意识形态工作？

第九章

新时代国防和军队建设与实现祖国完全统一

第一节　全面推进国防和军队现代化

强国必须强军。历史有力证明,落后就要挨打。没有国防和军队的现代化,就不会有国家的现代化,就不会有中华民族的伟大复兴。进入新时代,我们党以习近平强军思想为指引,坚持走中国特色强军之路,推动军民融合深度发展,以前所未有的勇气和决心推动人民军队的革命性重塑。重整行装再出发,强军事业正当时。新时代国防和军队现代化建设的大幕,正在徐徐拉开。

一、坚持走中国特色强军之路

中国共产党成立以来,坚持把马克思主义基本原理同中国革命战争和人民军队建设实践相结合,形成了毛泽东军事思想、邓小平新时期军队建设思想、江泽民国防和军队建设思想、胡锦涛国防和军队建设思想等具有中国特色的马克思主义军事理论成果，为人民军队从胜利走向胜利提供了科学指引。党的十八大以来，习近平着眼坚持和发展中国特色社会主义、实现中华民族伟大复兴，立足国家安全和发展战略全局，围绕强军兴军作出一系列重要论述，提出一系列重大战略思想、重大理论观点、重大决策部署，形成了习近平强军思想。

习近平强军思想深刻回答了"新时代建设一支什么样的强大人民军队、怎样建设强大人民军队"的时代课题，其主要内容有：一是强国必须强军，巩固国防和强大人民军队是新时代坚持和发展中国特色社会主义、实现中华民族伟大复兴的战略支撑。二是党在新时代的强军目标是建设一支听党指挥、能打胜仗、作风优良的人民军队，必须同国家现代化进程相一致，力争到2035年基本实现国防和军队现代化，到21世纪中叶把人民军队全面建成世界一流军队。三是党对军队绝对领导是人民军队建军之本、强军之魂，必须全面贯彻党领导军队的一系列根本原则和制度，确保部队绝对忠诚、绝对纯洁、绝对可靠。四是军队是要准备打仗的，必须聚焦能打仗、打胜仗，创新发展军事战略指导，构建中国特色现代作战体系，全面提高新时代备战打仗能力，有效塑造态势、管控危机、遏制战争、打赢战争。五是作风优良是我军鲜明特色和政治优势，必须加强作风建设、纪律建设，坚定不移正风肃纪、反腐惩恶，大力弘扬我党我军光荣传统和优良作风，永葆人民军队性质、宗旨、本色。六是推进强军事业必须坚持政治建军、改革强军、科技兴军、依法治军，更加注重聚焦实战、更加注重创新驱动、更加注重体系建设、更加注重集约高效、更加注重军民融合，全面提高革命化现代化正规化水平。七是改革是强军的必由之路，必须推进军队组织形态现代化，构建中国特色现代军事力量体系，完善中国特色社会主义军事制度。八是创新是引领发展的第一动力，必须坚持向科技创新要战斗力，统筹推进军事理论、技术、组织、管理、文化等各方面创新，建设创新型人民军队。九是现代化军队必须构建中国特色军事法治体系，推进治军方式根本性转变，提高国防和军队建设法治化水平。十是军民融合发展是兴国之举、强军之策，必须坚持发展和安全兼顾、富国和强军统一，形成全要素、多领域、高效益军民融合深度发展格局，构建一体化的国家战略体系和能力。

习近平强军思想，是习近平新时代中国特色社会主义思想的重要组成部分，开拓了马克思主义军事理论和当代中国军事实践发展新境界，标志着党的军事指导理论的与时俱进。党的十八大以来，人民军队重振政治纲纪、重塑组织形态、重整斗争格局、重构建设布局、重树作风形象，在中国特色强军之路上迈出了坚定步伐，强军事业取得了历史性成就，发生了历史性变革。这一切成就和变革，最根本的就在于有习近平强军思想的科学指引。面向新时代，我们要坚持党对人民军队的绝对领导，全面贯彻习近平强军思想，不断推进政治建军、改革强军、科技兴军、依法治军，加快形成中国特色、世界一流的武装力量体系，构建中国特色现代作战体系，推动人民军队切实担负起党和人民赋予的新时代使命任务。

二、坚持党对人民军队的绝对领导

党对军队的绝对领导是中国特色社会主义的本质特征，是党和国家的重要政治优势。推进强军事业，必须毫不动摇坚持党对军队的绝对领导，确保人民军队永远听党话、跟党走。

党的领导是人民军队战无不胜的根本保证。人民军队从诞生之日起，就始终在党的绝对领导下行动和战斗。毛泽东曾经指出："我们的原则是党指挥枪，而决不容许枪指挥党。"党对军队绝对领导的根本原则和制度，发端于南昌起义，奠基于三湾改编，定型于古田会议，是人民军队完全区别于一切旧军队的政治特质和根本优势。在风雨如磐的漫长革命道路上，我军将士讲得最多的一句话是：只要跟党走，一定能胜利。忠诚，造就了人民军队对党的赤胆忠心，造就了人民军队和人民的鱼水情意，造就了人民军队为党和人民冲锋陷阵的坚定意志。历史告诉我们，党指挥枪是保持人民军队本质和宗旨的根本保障，这是我们党在血与火的斗争中得出的颠扑不破的真理。有了中国共产党，有了中国共产党的坚强领导，人民军队前进就有方向、有力量。前进道路上，人民军队必须牢牢坚持党对军队的绝对领导，把这一条当作人民军队永远不能变的军魂、永远不能丢的命根子，任何时候任何情况下都以党的旗帜为旗帜、以党的方向为方向、以党的意志为意志。

党对军队的绝对领导，其基本内容是：军队必须完全地无条件地置于中国共产党的领导之下，在思想上政治上行动上始终与党中央、中央军委保持高度一致，坚决维护党中央、中央军委权威，任何时候任何情况下都坚决听从党中央、中央军委指挥。这准确深刻地反映了中国共产党对军队的绝对领导，是唯一的独立的领导，是直接领导、直接指挥，是包括政治领导、思想领导、组织领导在内的全面领导，涵盖军事、政治、后勤、装备建设各个领域，贯穿于完成各项任务的全过程。

坚持党对军队绝对领导不是抽象的原则要求，而是有一整套制度作保证的。这些制度主要包括：军队最高领导权和指挥权属于党中央和中央军委，中央军委实行主席负责制；实行党委制、政治委员制、政治机关制；实行党委统一的集体领导下的首长分工负责制；实行支部建在连上。军委主席负责制是党对军队绝对领导的最高实现形式，党委、政治委员和政治机关是党从思想上政治上组织上建设和掌握部队的重要组织支撑，党委统一的集体领导下的首长分工负责制是党领导军队的根本制度，支部建在连上是党指挥枪原则落地生根的坚实基础。这一整套制度，是我们党在领导人民军队进行革命、建设和改革的实践中探索总结出来的，构成了一个严密科学完整的组织领导体系，为党对军队绝对领导提供了坚如磐石的根本保证。党对军队的绝对领导是我国的基本军事制度，与中国特色社会主义政治制度相配套相吻合，是我们党运用马克思主义国家学说建设新型人民军队的伟大创造。

坚持党对军队的绝对领导，把党指挥枪的原则落到实处。第一，不折不扣落实好党领导军队的一整套制度。坚持军队的最高领导权和指挥权属于党中央和中央军委，坚决维护和贯彻军委主席负责制；坚持党委统一的集体领导下的首长分工负责制，增强贯彻民主集中制实效性；大力加强党委班子和党员队伍建设，把各级党组织建设成为实现党对军队绝对领导、团结巩固部队和完成各项任务的坚强领导核心和战斗堡垒。第二，坚持五湖四海、任人唯贤，坚持德才兼备、以德为先，坚持对党忠诚、善谋打仗、敢于担当、实绩突出、清正廉洁的军队好干部标准，完善干部选拔任用机制，增强选人用人的科学性、准确性、公信度，确保枪杆子始终掌握在忠于党的可靠的人手中。第三，严守政治纪律和政治规矩，加大从严治党、从严治军力度，强化政治意识、大局意识、核心意识、看齐意识，防止和反对政治上的自由主义，确保全军官兵始终在政治立场、政治方向、政治原则、政治道路上与党中央、中央军委保持高度一致，一切行动听从党中央、中央军委指挥。

三、建设世界一流军队

习近平指出："中华民族实现伟大复兴，中国人民实现更加美好生活，必须加快把人民军队建设成为世界一流军队。"这是实现中华民族伟大复兴中国梦在国防和军队建设领域的具体化，进一步明确了国防和军队建设的目标引领，体现了新时代对强军的战略要求。党的十九大对全面推进国防和军队现代化作出新的战略安排：到2020年，国防和军队建设要基本实现机械化，信息化建设取得重大进展，战略能力有大的提升；到2035年，基本实现国防和军队现代化；到21世纪中叶，把人民军队全面建成世界一流军队。这一部署，绘就了建设强大人民军队的路线图、时间表。

1. 牢固树立战斗力这个唯一的根本的标准

军队强不强，关键看打仗；战场打不赢，一切等于零。把战斗力作为唯一的根本的标准，是有效履行我军根本职能的内在要求，也是提高军队建设质量效益的客观需要，无论过去、现在和将来，战斗力标准始终是军事领域衡量利弊得失的重要标准。

当前，国防和军队建设正站在新的起点上。面对国家安全环境的深刻变化，面对强国强军的时代要求，必须紧紧扭住能打仗、打胜仗这个强军之要，把提高战斗力作为各项建设的出发点和落脚点，把战斗力标准贯彻到部队建设的全过程各领域，真正使战斗力标准这个硬杠杠立起来、落下去。坚持按照战斗力标准确立发展思路、实施决策指导、配置力量资源、组织军事训练、选拔任用干部、培树先进典型，切实把战斗力标准在军事、政治、后勤、装备等各项工作中确立起来。要用战斗力标准检验评价各项工作和建设，构建以强军目标为指向、以战斗力标准为核心的评价体系，无论搞建设还是抓准备，都要用战斗力尺子量一量，形成正确的用人导向、工作导向、评价导向、激励导向。尤其要坚决反对与战斗力标准不相符合的做法，切实克服危不施训、险不练兵、消极保安全等思想，使各项建设和工作紧紧围绕中心来展开，真正向战斗力聚焦用力。

2. 坚持政治建军、改革强军、科技兴军、依法治军

政治建军是人民军队的立军之本。我军政治工作萌芽于大革命时期，创立于建军之初，奠基于古田会议，在长期革命、建设、改革实践中不断丰富和发展。政治工作是我军的看家本领，是我军的最大特色、最大优势，是我军同一切其他性质军队的最大区别。面对新的形势和任务，我们要更加坚定自觉地贯彻政治建军要求，充分发挥政治工作生命线作用，确保部队建设坚定正确的政治方向。要着力培养有灵魂、有本事、有血性、有品德的新时代革命军人，锻造具有铁一般信仰、铁一般信念、铁一般纪律、铁一般担当的过硬部队，确保我军永远立于不败之地。要继承和发扬我军政治工作优良传统，把先辈们用鲜血和生命铸就的光荣传统和优良作风一代代传下去。

改革是我军发展壮大、制胜未来的关键一招。人民军队发展史，就是一部改革创新史。我军之所以始终充满蓬勃朝气，同我军与时俱进不断推进自身改革是紧密联系在一起的。党的十八大以来，为了设计和塑造军队未来，习近平发出全面实施改革强军的伟大号召，开启了我军历史上一场整体性、革命性变革。通过大变革大重塑，人民军队体制一新、结构一新、格局一新、面貌一新。当前，我们正在进行具有许多新的历史特点的伟大斗争，深化国防和军队改革就是这场斗争的重要方面。要坚持用强军目标审视、引领、推进改革，着力解决制约国防和军队建设的体制性障碍、结构性矛盾、政策性问题，推进军队组织形态现代化，进一步解放和发展战斗力，进一步解放和增强军队活力，建设同我国国际地位相称、同国家安全和发展利益相适应的巩固国防和强大军队，为实现"两个一百年"奋斗目标、实现中华民族伟大复兴的中国梦提供坚强力量保证。

科技是现代战争的核心战斗力。一流军队必须有一流军事科技。习近平强调："谁牵住了科技创新这个'牛鼻子'，谁走好了科技创新这步先手棋，谁就能占领先机、赢得优势。"当前，新一轮产业和科技革命蓄势待发，世界新军事革命加速发展。我军在高新技术方面同世界军事强国相比仍有较大差距。要坚持向科技创新要战斗力，依靠科技进步和创新把我军建设模式和战斗力生成模式转到创新驱动发展的轨道上来。要加紧攻克核心关键技术，加紧提高信息网络自主可控水平，加紧在一些战略必争领域形成独特优势。要全面实施科技兴军战略，坚持自主创新的战

略基点，瞄准世界军事科技前沿，加快战略性、前沿性、颠覆性技术发展，争取实现"弯道超车"，不断提高科技创新对人民军队建设和战斗力发展的贡献率。要加强军事人才培养体系建设，造就宏大的高素质创新军事人才队伍，形成各类人才创造活力竞相迸发的生动局面。

依法治军、从严治军是我们党建军治军的基本方略。军队越是现代化，越是信息化，越是要法治化。必须紧紧围绕党在新时代的强军目标，着眼全面加强革命化现代化正规化建设，坚持党对军队绝对领导，坚持战斗力标准，坚持官兵主体地位，坚持依法和从严相统一，坚持法治建设和思想政治建设相结合，创新发展依法治军理论和实践，构建完善的中国特色军事法治体系，推动治军方式根本性转变，提高国防和军队建设法治化水平。

3. 构建中国特色现代军事力量体系

构建中国特色现代军事力量体系是建设世界一流军队的力量基础。总体来说，就是要加快形成精干、联合、多能、高效的信息化军事力量体系，重点是优化作战力量结构，建设现代化陆军、海军、空军、火箭军、战略支援部队和武警部队，促进各军兵种力量协调发展。陆军主要担负陆地作战任务，要着力提高精确作战、立体作战、全域作战、多能作战、持续作战能力，加快实现区域防卫型向全域作战型转变；海军是海上作战行动的主体力量，要着力提高战略威慑与反击、海上机动作战、海上联合作战、综合防御作战和综合保障能力；空军是空中作战行动的主体力量，要按照空天一体、攻防兼备的战略要求，着力提高战略预警、空中打击、防空反导、信息对抗、空降作战、战略投送和综合保障能力；火箭军是我国战略威慑的核心力量，要按照核常兼备、全域慑战的原则，着力提高战略威慑与核反击和中远程精确打击能力；战略支援部队是维护国家安全的新型作战力量，是我军新质作战能力的重要增长点，要坚持体系融合、军民融合，努力在关键领域实现跨越发展；武警部队是党领导的人民武装力量的重要组成部分，要按照多能一体、有效维稳的战略要求，发展执勤安保、处突维稳、反恐突击、抢险救援、应急保障、空中支援力量，提高以信息化条件下执勤处突能力为核心的完成多样化任务能力。

新型作战力量代表着军事技术和作战方式的发展趋势，具有技术平台新、体系编成新、制敌手段新等优长，是国家战略能力的前瞻力量，是生成新质战斗力的强力引擎，是中国特色现代军事力量体系的重要支撑。近年来，随着世界新军事革命的深入发展，以信息技术为核心的军事技术发展日新月异，战略预警、军事航天、防空反导、信息攻防、战略投送、远海防卫等力量，成为新型作战力量的代表。当前，世界主要国家军队纷纷围绕新型作战力量建设进行激烈角逐，以便赢得战略主动。我们必须着眼打赢未来信息化战争的要求，加速打造我军新型作战力量。

4. 深入推进练兵备战

兵可以千日而不用，不可一日而不备。人民军队永远是战斗队，人民军队的生命力在于战斗力。新形势下人民军队的职能使命不断拓展，但作为战斗队的根本职能始终没有变。历史经验表明，能战方能止战，准备打才可能不必打，越不能打越可能挨打。中国人民解放军素以能征善战著称于世，创造过许多辉煌的战绩，但以前能打胜仗不等于现在能打胜仗。建设世界一流军队，必须始终聚焦备战打仗，全部心思向打仗聚焦，各项工作向打仗用劲，锻造召之即来、来之能战、战之必胜的精兵劲旅。贯彻新形势下军事战略方针，认真研究军事、研究战争、研究打仗，把握现代战争规律和战争指导规律，立足最复杂最困难情况搞好应对强敌军事干预的战略筹划；扎实做好军事斗争准备，以国家核心安全需求为导向，牢固树立练兵打仗、带兵打仗思想，牢固树立随时准备打仗的思想，牢固树立立足现有条件打胜仗的思想，真抓实备、常备不懈；贯彻战训一致原则，坚持仗怎么打兵就怎么练，打仗需要什么就苦练什么，什么问题突出就解决什么问题，全面提高军事训练实战化水平；提高后勤综合保障能力，着力建设保障打赢现代化战争、服务部队现代化建设、向信息化转型的后勤；加快武器装备建设，构建适应信息化战争和履行使命要求的武器装备体系，为实现中国梦强军梦提供强大物质技术支撑。

四、推动军民融合深度发展

1. 坚持富国和强军相统一

坚持富国和强军相统一是我们党的一贯主张。毛泽东提出："中国必须建立强大的国防军，必须建立强大的经济力量，这是两件大事。"邓小平提出要走军民结合、平战结合、军品优先、以民养军的道路，强调国防和军队建设必须服从服务于经济建设大局的思想；江泽民指出，我国现代化建设的一条重要经验，就是坚持国防建设与经济建设协调发展的方针，在经济发展的基础上推进国防和军队现代化；胡锦涛强调，必须站在国家安全和发展战略全局的高度，统筹经济建设和国防建设，在全面建设小康社会进程中实现富国和强军的统一。党的十八大以来，习近平强调："我们要实现中华民族伟大复兴，必须坚持富国和强军相统一，努力建设巩固国防和强大军队。"这体现了发展战略与安全战略相协调、强国进程与强军进程相一致的战略考量，为实现中国梦强军梦指明了方向。

坚持富国和强军相统一是经济建设和国防建设协调发展规律的内在要求。富国才能强军，强军才能卫国。富国与强军，如同车之两轮、鸟之双翼，不可或缺。经济建设是国防建设的基本依托，只有国家经济实力增强了，国防建设才能有更大发展。国防建设是我国现代化建设的战略任务，只有把国防建设搞上去了，经济建设才能有更加坚强的安全保障，同时加强国防建设对经济社会发展也具有重要的拉动作用。实践反复证明，经济建设和国防建设的关系处理不好，就会走弯路、吃苦头。经过新中国成立70多年特别是改革开放40多年的发展，我国经济总量稳居世界第二，综合国力显著增强，这为建设巩固国防和强大军队奠定了雄厚的物质基础。同时要看到，随着我国经济总量、综合实力的不断上升，各种可以预见和难以预见的风险和挑战也在不断增多。我们发展得越快，对外部的影响冲击就越大，受到的战略反弹力就越强。这就要求我们必须在国家总体战略中兼顾发展和安全，坚持富国和强军相统一，科学统筹好经济建设和国防建设。

走军民融合式发展路子，是实现富国和强军统一的重要途径。军民融合，源于我们党的"军民结合、寓军于民"的思想，其目的就是在更广范围、更高层次、更深程度上把国防和军队现代化建设有机融入经济社会发展体系之中，做到一笔投资、双重效益。当代科技革命、产业革命和新军事革命迅猛发展，使国防经济与社会经济、军用技术与民用技术的结合面越来越广、融合度越来越深，军队信息化建设和信息化作战对经济、科技和社会的依赖性空前增强。未来信息化战争是多维战场的对抗，涉及的领域更宽广，潜力的比拼更立体，从军事领域延伸到经济、信息、文化、科技等各个方面。如果说战争的前台是军人的较量，那么战争的后台则是军民融合深度的较量。融合的步子越快，就越能赢得发展先机；融合的程度越深，就越能增加获胜把握。坚持军民融合式发展，既有利于国防和军队现代化建设从经济建设中获得更加深厚的物质支撑和发展后劲，也有利于经济建设从国防和军队现代化建设中获得更加有力的安全保障和技术支持，因而既是兴国之举又是强军之策，必须做好军民融合这篇大文章，充分发挥军民融合对国防建设和经济社会发展的双向支撑拉动作用，实现经济建设和国防建设综合效益最大化。

2. 加快形成军民融合深度发展格局

长期以来，我国积极推动军民融合实践，取得了丰硕成果，促进了经济实力和国防实力的同步增长。同时要看到，我国军民融合发展刚进入由初步融合向深度融合的过渡阶段，必须坚持问题牵引，正确把握和处理经济建设和国防建设的关系，使两者协调发展、平衡发展、兼容发展。

坚持全国"一盘棋"。军民融合是国家战略，必须站在党和国家事业发展全局的高度思考问题，切实把思想和行动统一到党中央决策部署上来。强化使命担当，敢于"涉险滩""动奶酪"，敢于破难题、闯难关，敢于趟路子、辟新径，坚决防止"大利大干、小利小干、无利不干""愿意融别人、不愿意被别人融""共享别人的资源可以、分享自己的资源不行"等不良问题和倾向，切实做到应融则融、能融尽融。自觉在大局下行动，切实把军民融合发展任务落实到位。

健全体制机制。在国家层面，成立中央军民融合发展委员会，建立推动军民融合发展的统一领导、军地协调、需求对接、资源共享机制，努力形成统一领导、军地协调、顺畅高效的组织管理体系，国家主导、需求牵引、市场运作相统一的工作运行体系，系统完备、衔接配套、有效激励的政策制度体系。各省（区、市）设置军民融合发展领导机构，完善职能配置和工作机制，为贯彻落实党中央决策部署提供坚强组织保障。充分发挥法律法规的规范、引导、保障作用，加紧推进军民融合发展的综合性法律立法工作，提高军民融合发展法治化水平。

强化战略规划。新中国成立以来特别是改革开放以来，我国充分发挥社会主义制度集中力量办大事的政治优势，举全国之力，集军民之智，取得了以"两弹一星"、载人航天等为代表的一大批重大成果。进入新时代，进一步推动军民融合深度发展，更需要坚持国家主导，着力加强战略规划。要把国民经济和社会发展规划、军队建设发展规划统筹起来、同步论证，以便军地各部门衔接规划重大项目；要建立专门资金渠道，落实军民融合发展资金保障；要加强督导检查、建立问责机制，强化规划刚性约束和执行力。

突出重点领域。推动军民融合深度发展，必须向重点领域聚焦用力，以点带面推动整体水平提升。民用科技应向军事领域拓展，促进网络信息、新能源、电子信息、民用航天、高端装备制造等产业升级，加强军民通用产品研究开发，承接国防所需装备制造、技术研发任务；发展高新技术武器装备要吸纳和利用民用先进技术，打破行业垄断，在健全竞争、评价、监督、激励机制上迈出更大步伐，引导国家经济社会资源有序进入装备建设领域；重大基础设施建设应考虑国防需求，增强国家基础设施对提升核心军事能力的支撑和保障功能；人才资源共育共享，加大依托国民教育培养军队人才力度，依托国家和军队重大科研项目培养军队高层次人才和创新团队；构建物资储备网络布局，形成骨干在军、主体在民的后勤社会化保障新模式；积极推进海洋、太空、网络空间、生物、新能源等领域的军民融合，抢占经济、科技、军事竞争制高点，夺取未来战争主动权。

军政军民团结是实现富国和强军相统一的重要政治保障，是我党我军特有的政治优势。坚持人民战争的战略思想，把握新的时代条件下人民战争的新特点新要求，创新内容和方式方法，充分发挥人民战争的整体威力。国防动员是军民融合发展的重要纽带。建立健全国防动员体制机制，深化民兵预备役体制改革，优化后备力量规模、结构和布局，完善平时征用和战时动员等法规制度，增强打赢未来战争的国防潜力。边海空防工作是治国安邦的大事，关系国家安全和发展全局。要发挥民兵和人民群众特有优势，组织参与维权斗争、反恐斗争、信息作战和防护救援等军事行动，提高军地联合行动能力，建设强大稳固的现代边海空防。加强国防教育，增强全民国防观念，使关心国防、热爱国防、建设国防、保卫国防成为全社会的思想共识和自觉行动。全党全军全国各族人民要大力弘扬军爱民、民拥军的光荣传统，不断发展坚如磐石的军政军民关系，为实现中华民族的强国梦、强军梦而奋斗。

第二节　实现祖国完全统一是中华民族根本利益所在

一、"一国两制"是中国特色社会主义的一个伟大创举

1. "一国两制"是国家的一项基本国策

"一国两制"就是在统一的国家之内，国家主体实行社会主义制度，个别地区依法实行资本主义制度。这是一项前无古人的开创性事业，在过往的人类政治实践中还从未有过。按照"一国两制"伟大构想，香港、澳门实现了和平回归，改变了历史上但凡收复失地都要大动干戈的所谓定势。"一国两制"是中国为国际社会解决类似问题提供的一个新思路新方案，是中华民族为世界和平与发展做出的新贡献，凝结了海纳百川、有容乃大的中国智慧。

香港、澳门回归祖国后，重新纳入国家治理体系，走上同祖国共同发展、永不分离的宽广道路。在"一国两制"之下，香港、澳门特别行政区享有的高度自治权受到充分保障，港澳同胞当家作主、依法享有广泛自由和民主权利。香港、澳门经济平稳增长，对外交往日益活跃，各项事业取得全面进步，同祖国内地的联系越来越紧密。各界人士积极投身国家改革开放和现代化建设，做出独特而重要的贡献。港澳同胞对国家发展和民族复兴的信心不断增强，对国家的认同感和向心力不断加强。

"一国两制"实践取得了举世公认的成功。事实证明，"一国两制"是解决历史遗留的香港、澳门问题的最佳方案，也是香港、澳门回归后保持长期繁荣稳定的最佳制度，是完全行得通、办得到、得人心的，是有强大生命力的。

2. "和平统一、一国两制"是解决台湾问题的基本方针

以和平的方式实现统一，最符合包括台湾同胞在内的中华民族的整体利益，我们将以最大诚意、尽最大努力争取和平统一的前景。"一国两制"的提出，本来就是为了照顾台湾现实情况，维护台湾同胞利益福祉。"一国两制"在台湾的具体实现形式会充分考虑台湾现实情况，会充分吸收两岸各界意见和建议，会充分照顾到台湾同胞利益和感情。在确保国家主权、安全、发展利益的前提下，和平统一后，台湾同胞的社会制度和生活方式等将得到充分尊重，台湾同胞的私人财产、宗教信仰、合法权益将得到充分保障。

解决台湾问题、实现祖国完全统一，是全体中华儿女共同愿望，是中华民族根本利益所在。1949 年以来，中国共产党、中国政府、中国人民始终把解决台湾问题、实现祖国完全统一作为矢志不渝的历史任务。我们团结台湾同胞，推动打破两岸隔绝状态，实现全面直接双向"三通"，推动两岸双方在一个中国原则基础上达成"海峡两岸同属一个中国，共同努力谋求国家统一"的"九二共识"。开启两岸协商谈判，推进两岸政党党际交流，开辟两岸关系和平发展道路，实现两岸领导人历史性会晤，巩固国际社会坚持一个中国原则的格局，取得一系列反"台独"、反分裂斗争的重大胜利。台海形势从紧张对峙走向缓和改善，两岸关系不断取得突破性进展。

两岸关系发展历程证明：台湾是中国一部分、两岸同属一个中国的历史和法理事实，是任何人任何势力都无法改变的！两岸同胞都是中国人，血浓于水、守望相助的天然情感和民族认同，是任何人任何势力都无法改变的！台海形势走向和平稳定、两岸关系向前发展的时代潮流，是任何人任何势力都无法阻挡的！国家强大、民族复兴、两岸统一的历史大势，更是任何人任何势力都无法阻挡的！

二、推进"一国两制"在香港、澳门的实践行稳致远

1. "一国两制"事业进入新时代

中央贯彻"一国两制"方针坚持两点，一是坚定不移，不会变、不动摇；二

是全面准确，确保"一国两制"在香港、澳门的实践不走样、不变形，始终沿着正确方向前进。坚持"一国两制"方针，深入推进"一国两制"实践，符合港澳居民利益，符合香港、澳门繁荣稳定实际需要，符合国家根本利益，符合全国人民共同意愿。无论遇到什么样的困难和挑战，对"一国两制"方针的信心和决心都绝不会动摇，推进"一国两制"实践的信心和决心都绝不会动摇。

2. "一国两制"是一个完整的概念

"一国"是实行"两制"的前提和基础，"两制"从属和派生于"一国"，并统一于"一国"之内。"一国"是根，根深才能叶茂；"一国"是本，本固才能枝荣。国家主体坚持社会主义制度，是香港、澳门实行资本主义制度，保持繁荣稳定的前提和保障；香港、澳门依照基本法实行"港人治港""澳人治澳"、高度自治，必须充分尊重国家主体实行的社会主义制度。必须把坚持"一国"原则和尊重"两制"差异有机结合起来，做到坚守"一国"之本，实现"两制"和谐相处、相互促进，既要把实行社会主义制度的内地建设好，也要把实行资本主义制度的香港、澳门建设好。

我国是单一制国家，中央对包括香港、澳门特别行政区在内的所有地方行政区域拥有全面管治权。香港、澳门两个特别行政区的高度自治权不是固有的，而是源于中央授权。高度自治权不是完全自治，中央对高度自治权具有监督的权力，绝不允许以"高度自治"为名对抗中央的权力。

近年来，香港社会有些人鼓吹香港有所谓"固有权力""自主权力"等，否认或抗拒中央对香港的管治权。邓小平同志早在20世纪80年代就指出："切不要以为香港的事情全由香港人来管，中央一点都不管，就万事大吉了。这是不行的，这种想法不实际。"习近平总书记强调："任何危害国家主权安全、挑战中央权力和香港特别行政区基本法权威、利用香港对内地进行渗透破坏的活动，都是对底线的触碰，都是绝不能允许的。"必须把维护中央对香港、澳门特别行政区全面管治权和保障特别行政区高度自治权有机结合起来，任何时候都不能偏废。只有这样，才能把路走对了走稳了，否则就会左脚穿着右脚鞋——错打错处来。

3. 全面准确贯彻"一国两制"方针

坚定不移把"一国两制"实践向纵深推进，必须牢牢把握"一国两制"的根本宗旨，共同维护国家主权、安全、发展利益，保持香港、澳门长期繁荣稳定。要严格依照宪法和基本法办事。在落实宪法和基本法确定的宪制秩序时，把中央依法行使权力和特别行政区履行主体责任有机结合起来，完善与基本法实施相关的制度和机制，坚决维护宪法和基本法的权威。支持行政长官和特别行政区政府依法施政、积极作为，团结带领香港、澳门各界人士齐心协力谋发展、促和谐，保障和改善民生，有序推进民主，维护社会稳定，履行维护国家主权、安全、发展利益的宪制责任。把发挥祖国内地坚强后盾作用和提高香港、澳门自身竞争力有机结合起来，支持香港、澳门抓住共建"一带一路"、粤港澳大湾区建设等国家战略实施新的重大机遇，更加积极主动助力国家全面开放，更加积极主动融入国家发展大局，更加积极主动参与国家治理实践，更加积极主动促进国际人文交流，实现新发展，做出新贡献。

不断推进"一国两制"在香港、澳门的成功实践，是中国梦的重要组成部分。要坚持爱国者为主体的"港人治港""澳人治澳"，发展壮大爱国爱港爱澳力量，增强香港、澳门同胞的国家意识和爱国精神。加强对港澳青少年的爱国主义教育，为青年发展多搭台、多搭梯，创造有利于成就人生梦想的社会环境。让香港、澳门同胞同祖国人民共担民族复兴的历史责任，共享祖国繁荣富强的伟大荣光。

三、推进祖国和平统一进程

1. 民族复兴、国家统一是大势所趋、大义所在、民心所向

祖国必须统一，也必然统一。这是两岸关系发展历程的历史定论，也是新时代中华民族伟大复兴的必然要求。两岸中国人、海内外中华儿女应共担民族大义、顺应历史大势，共同推动两岸关系和平发展、推进祖国和平统一进程。

一个中国原则是两岸关系的政治基础。推动两岸关系和平发展，最根本的是坚持一个中国原则。虽然两岸迄今尚未统一，但中国的主权和领土完整从未分裂。两

岸同属一个国家、两岸同胞同属一个民族，这一历史事实和法理基础从未改变，也不可能改变。

体现一个中国原则的"九二共识"明确界定了两岸关系的根本性质，是确保两岸关系和平发展的关键。它表明大陆与台湾同属一个中国，两岸关系不是国与国关系，也不是"一中一台"。承认"九二共识"的历史事实，认同两岸同属一个中国，两岸双方就能开展对话，协商解决两岸同胞关心的问题，台湾任何政党和团体同大陆交往也不会存在障碍。两岸关系和平发展要两岸同胞共同推动，靠两岸同胞共同维护，由两岸同胞共同分享。

2. 和平统一，是平等协商、共议统一

两岸长期存在的政治分歧问题是影响两岸关系行稳致远的总根子，总不能一代一代传下去。两岸同胞是一家人，两岸的事是两岸同胞的家里事，当然也应该由家里人商量着办。

要探索"两制"台湾方案，丰富和平统一实践。我们愿意同台湾各党派、团体和人士就两岸政治问题和推进祖国和平统一进程的有关问题开展对话沟通，广泛交换意见，寻求社会共识，推进政治谈判。我们郑重倡议，在坚持"九二共识"、反对"台独"的共同政治基础上，两岸各政党、各界别推举代表性人士，就两岸关系和民族未来开展广泛深入的民主协商，就推动两岸关系和平发展达成制度性安排。

统一是历史大势，是正道。"台独"是历史逆流，是绝路。当前，对两岸关系和平发展的最大现实威胁是"台独"势力及其分裂活动。"台独"煽动两岸同胞敌意和对立，损害国家主权和领土完整，破坏台海和平稳定，阻挠两岸关系发展，只会给两岸同胞带来深重祸害。我们坚决维护国家主权和领土完整，绝不容忍国家分裂的历史悲剧重演，绝不为各种形式的"台独"分裂活动留下任何空间。

中国人不打中国人。我们愿意以最大诚意、尽最大努力争取和平统一的前景。不承诺放弃使用武力，保留采取一切必要措施的选项，针对的是外部势力干涉和极少数"台独"分裂分子及其分裂活动，绝非针对台湾同胞。我们有坚定的意志、充分的信心、足够的能力挫败任何形式的"台独"分裂图谋。绝不允许任何人、任何组织、任何政党、在任何时候、以任何形式、把任何一块中国领土从中国分裂出去!

3. 两岸同胞是命运与共的骨肉兄弟，是血浓于水的一家人

亲望亲好，中国人要帮中国人。要秉持"两岸一家亲"理念，尊重台湾现有的社会制度和台湾同胞生活方式，继续率先同台湾同胞分享大陆发展机遇。深化两岸融合发展，夯实和平统一基础。要积极推进两岸经济合作制度化，打造两岸共同市场，壮大中华民族经济。两岸要应通尽通，提升经贸合作畅通、基础设施联通、能源资源互通、行业标准共通。推动两岸文化教育、医疗卫生合作，社会保障和公共资源共享，支持两岸邻近或条件相当地区基本公共服务均等化、普惠化、便捷化。两岸同胞要共同传承中华优秀传统文化，以正确的历史观、民族观、国家观化育后人，弘扬伟大民族精神。

台湾前途在于国家统一，台湾同胞福祉系于民族复兴。支持和追求国家统一是民族大义，应该得到全民族肯定。大道之行、人心所向，势不可当。所有台湾同胞应像珍视自己的眼睛一样珍视和平，像追求人生的幸福一样追求统一，积极参与到推进祖国和平统一的正义事业中来，在新时代携手同心书写中华民族伟大复兴新篇章。

思考题

1. 结合专题讲授内容，谈一谈你对习近平强军思想的理解和认识，为什么说党对人民军队的绝对领导是建军之本、强军之魂?

2. 结合专题讲授内容，谈一谈你对"一国两制"科学内涵的理解，为什么说"和平统一、一国两制"是实现国家统一的最佳方式?

第十章

努力开创新时代中国特色大国外交新局面

党的十八大以来，面对国际形势风云变幻，以习近平同志为核心的党中央在推进新时代中国特色社会主义伟大事业的历史进程中，领导我国对外工作攻坚克难、砥砺奋进，经历了许多风险考验，打赢了不少大仗硬仗，办成了不少大事难事，走出了一条中国特色大国外交新路，为实现"两个一百年"奋斗目标、实现中华民族伟大复兴的中国梦营造了良好外部环境。

第一节　习近平外交思想的总体框架和核心要义

在波澜壮阔的外交实践中，习近平总书记牢牢把握中国和世界发展大势，深刻思考人类前途命运，提出了一系列富有中国特色、体现时代精神、引领人类发展进步潮流的新理念、新主张、新倡议，形成了习近平新时代中国特色社会主义外交思想即习近平外交思想。习近平外交思想以"十个坚持"为总体框架和核心要义，明确了新时代我国对外工作的历史使命、总目标和必须坚持的一系列方针原则，深刻揭示了新时代中国特色大国外交的本质要求、内在规律和前进方向。

一、坚持以维护党中央权威为统领

坚持以维护党中央权威为统领，加强党对外工作的集中统一领导，这是做好对外工作的根本保证。办好中国的事情，关键在党。要在错综复杂的国际形势中始终掌握主动，必须坚持外交大权在党中央，坚决维护以习近平同志为核心的党中央权威和集中统一领导，确保令行禁止、步调统一。我们要加强对外工作的集中统一领导和统筹协调，调动各方面力量共同参与和推动国家总体外交，形成党总揽全局、协调各方的对外工作大协同局面。

二、坚持以实现中华民族伟大复兴为使命

坚持以实现中华民族伟大复兴为使命，推进中国特色大国外交，这是新时代赋予对外工作的历史使命。做好新时代对外工作，要为全面深化改革和对外开放提供全方位、全覆盖、高质量的服务，为实现"两个一百年"奋斗目标、实现中华民族伟大复兴的中国梦营造良好外部环境和争取更多理解支持。我们要坚持贯彻以人民为中心的外交理念，将中国发展同世界发展更好地结合起来，为实现中国人民和世界人民对美好生活的向往而奋斗。

三、坚持以维护世界和平、促进共同发展为宗旨

坚持以维护世界和平、促进共同发展为宗旨，推动构建人类命运共同体，这是新时代对外工作的总目标。构建人类命运共同体，需要各国齐心协力，建设持久和平、普遍安全、共同繁荣、开放包容、清洁美丽的世界，同时推动建设相互尊重、公平正义、合作共赢的新型国际关系，共同走国与国交往的新路。构建人类命运共同体是目标和方向，建设新型国际关系是前提和路径。我们要高举中国外交这面旗帜，引领人类前进方向，为中国和世界开辟一条共同发展的康庄大道。

四、坚持以中国特色社会主义为根本

坚持以中国特色社会主义为根本增强战略自信，这是新时代对外工作必须遵循的根本要求。"四个自信"是我们的力量之源和信念之基，体现了新时代中国的国家意志、民族精神和国际形象。中国特色社会主义道路、理论、制度、文化不断发展，为解决人类问题贡献了中国智慧和中国方案。我们要始终高举中国特色社会主义伟大旗帜，坚定战略自信，对外工作就有了根和魂，中国特色大国外交之路就会越走越宽广。

五、坚持以共商共建共享为原则

坚持以共商共建共享为原则推动"一带一路"建设，这是我国今后相当长时期对外开放和对外合作的管总规划，也是人类命运共同体理念的重要实践平台。共建"一带一路"倡议源于中国，机会和成果属于世界。要通过建设"一带一路"，加强同有关国家的政策沟通、设施联通、贸易畅通、资金融通、民心相通，使共商共建共享原则进一步转化为多赢共赢的合作成果。我们要弘扬"丝路精神"，同各国分享共同发展的机遇，开辟共同发展的前景。

六、坚持以相互尊重、合作共赢为基础

坚持以相互尊重、合作共赢为基础走和平发展的道路，这是中国外交必须长期坚持的基本原则。坚持独立自主的和平外交政策，始终不渝地走和平发展的道路，始终不渝地奉行互利共赢的开放战略，这是我们根据自身国情和根本利益作出的战略抉择。和平需要相互尊重，发展需要合作共赢。中国坚持走和平发展道路，其他国家也要一起走和平发展的道路。我们要始终做世界和平的建设者、全球发展的贡献者、国际秩序的维护者。

七、坚持以深化外交布局为依托

坚持以深化外交布局为依托打造全球伙伴关系，这是新时代中国外交的重要内涵。要以推进大国协调与合作构建总体稳定、均衡发展的大国关系框架，按照亲诚惠容理念和与邻为善、以邻为伴周边外交方针加强同周边国家睦邻友好的关系，秉持正确义利观和真实亲诚理念增进与发展中国家间的团结合作，积极做好多边外交工作，不断深化和完善外交布局。我们要打造全方位、多层次、立体化的全球伙伴关系网络，形成遍布全球的"朋友圈"。

八、坚持以公平正义为理念

坚持以公平正义为理念引领全球治理体系改革，这是新时代中国外交的重要努力方向。全球治理体系正处在深刻演变的重要阶段，全球治理日益成为我国对外工作的前沿和关键问题。我们要抓住契机，勇担重任，积极参与全球治理体系的改革和建设，倡导国际关系民主化和法治化，支持联合国发挥积极作用，促进提高发展中国家在国际事务中的代表性和发言权，积极推动构建更加平衡、反映大多数国家意愿和利益的全球治理体系。

九、坚持以国家核心利益为底线

坚持以国家核心利益为底线维护国家主权、安全、发展利益，这是对外工作的出发点和落脚点。必须坚决维护中国共产党领导和中国特色社会主义制度，坚决捍卫国家主权、安全、领土完整，坚决遏制和打击一切形式的分裂行径，积极保障经济金融安全，有效维护海外利益。我们要不断丰富和发展维护国家利益的方式手段，有效防范和化解各种风险挑战，为改革发展和民族复兴保驾护航。

十、坚持以对外工作优良传统和时代特征相结合为方向

坚持以对外工作优良传统和时代特征相结合为方向塑造中国外交独特风范，这是中国外交的精神标识。中华民族是爱好和平的民族，具有坚韧不拔的精神品质和天下为公的世界情怀。新中国成立以来，我们形成了以独立自主、和平发展、合作共赢为鲜明特色的外交传统。进入新时代后，我们对外工作展现出与时俱进、奋发有为、开拓进取的崭新风貌，形成了一整套行之有效的战略思想和策略方法。我们要弘扬优良传统，不断丰富发展外交方略，把中国特色大国外交推向更高境界。

习近平外交思想是习近平新时代中国特色社会主义思想的重要组成部分，是马克思主义基本原理同中国特色大国外交实践相结合的重大理论结晶，是以习近平同志为核心的党中央治国理政思想在外交领域的集中体现，是新时代我国对外工作的根本遵循和行动指南。

第二节　努力推动构建人类命运共同体

一、把握国际形势要树立正确的历史观、大局观、角色观

所谓正确历史观，就是不仅要看现在国际形势什么样，而且要端起历史望远镜回顾过去、总结历史规律，展望未来、把握历史前进大势。从历史上看，我们前进道路上必然会面临各种难题和挑战，必须勇于从国内国际结合的战略点上进行具有许多新的历史特点的伟大斗争。所谓正确大局观，就是不仅要看到现象和细节怎么样，而且要把握本质和全局，抓住主要矛盾和矛盾的主要方面，避免在林林总总、纷纭多变的国际乱象中迷失方向、舍本逐末。从大局上看，和平与发展仍然是时代

主题，我们要继续高举和平、发展、合作、共赢的旗帜，努力建设新型国际关系，构建人类命运共同体，不断推进人类和平与发展的崇高事业。所谓正确角色观，就是不仅要冷静分析各种国际现象，而且要把自己摆进去，在我国同世界的关系中看问题，弄清楚在世界格局演变中我国的地位和作用，科学地制定我国对外方针政策。从角色上看，我国正在日益走近世界舞台中央，我国发展同外部世界的关系将更加紧密，要坚定不移走和平发展的道路，更加积极参与全球治理，在国际事务中发挥更大作用。我们要深刻洞悉中国与世界发展的新变化，全面认识中国与世界关系的新内涵，准确把握中国与世界互动的新规律，积极驾驭中国与世界共进的新方向。

当前，我国处于近代以来最好的发展时期，世界处于百年未有之大变局，两者同步交织、相互激荡。做好当前和今后一个时期对外工作具备很多国际有利条件。习近平总书记指出："这个世界，各国相互联系、相互依存的程度空前加深，人类生活在同一个地球村里，生活在历史和现实交汇的同一个时空里，越来越成为你中有我、我中有你的命运共同体。"可以说，各国之间的联系从来没有像今天这样紧密，世界人民对美好生活的向往从来没有像今天这样强烈，人类战胜困难的手段从来没有像今天这样丰富。我们要抓住历史机遇，做出正确选择，推动构建人类命运共同体，开创人类更加光明的未来。

二、构建人类命运共同体的方向和途径

推动构建人类命运共同体为人类发展描绘了蓝图，为全球治理体系的改革和建设指明了方向。习近平总书记在党的十九大报告中呼吁，各国人民同心协力，建设持久和平、普遍安全、共同繁荣、开放包容、清洁美丽的世界，指明了从政治、安全、经济、文化、生态五个方面推动构建人类命运共同体的方向和路径。

1. 政治上，要相互尊重、平等协商

坚决摒弃冷战思维和强权政治，走对话而不对抗、结伴而不结盟的国与国交往新路。人类历史上战乱频仍，生灵涂炭，教训惨痛而深刻。要和平、不要战争是各

国人民朴素而真实的愿望。建设一个持久和平的世界，根本要义在于国家之间要构建平等相待、互商互谅的伙伴关系。大国往往是决定战争与和平的关键因素，也对地区和世界和平与发展负有更大责任。大国要尊重彼此核心利益和重大关切，管控矛盾分歧，努力构建不冲突不对抗、相互尊重、合作共赢的新型关系。大国对小国要平等相待，不搞唯我独尊、恃强凌弱的霸道行径。国家间出现矛盾和分歧，要通过平等协商处理，以最大诚意和耐心，坚持对话解决分歧。只有各国都走和平发展的道路，各国才能共同发展，国与国才能和平相处。

2. 安全上，要坚持以对话解决争端、以协商化解分歧

统筹应对传统和非传统安全威胁，反对一切形式的恐怖主义。当前，国际安全形势动荡复杂，传统安全威胁和非传统安全威胁相互交织，安全问题的内涵和外延都在进一步拓展，同时人类越来越利益交融、安危与共。在这种新形势下，冷战思维、军事同盟、追求自身绝对安全那一套已经行不通了，各方应树立共同、综合、合作、可持续的新安全观。国家不论大小、强弱、贫富以及历史文化传统、社会制度存在多大差异，都要尊重和照顾其合理安全关切。要恪守尊重主权、独立和领土完整、互不干涉内政等国际关系基本准则，统筹维护传统和非传统安全。各国都有平等参与地区安全事务的权利，也都有维护地区安全的责任，要以对话协商、互利合作的方式解决安全难题。

3. 经济上，要同舟共济，促进贸易和投资自由化便利化

推动经济全球化朝着更加开放、包容、普惠、平衡、共赢的方向发展。发展是第一要务，适用于各国，而人类命运共同体追求的是共同发展。要增强各国发展能力，发展归根结底要靠本国自身努力，各国要根据自身禀赋特点，制定适合本国国情的发展战略。要改善国际发展环境，各国要共同维护世界和平，以和平促进发展，以发展巩固和平。要创造良好外部制度环境，加强全球经济治理，健全发展协调机制，各国特别是主要经济体要加强宏观经济政策协调。要维护世界贸易组织规则，支持开放、透明、包容、非歧视性的多边贸易体制，坚定建设开放型世界经济，旗帜鲜明地反对单边主义和保护主义。要优化发展伙伴关系，最大限度解决南北之间和地区内部发展失衡问题，让发展成果更多地惠及全体人民，为世界经济全

面可持续增长提供新动力。

4. 文化上，要尊重世界文明多样性

以文明交流超越文明隔阂、文明互鉴超越文明冲突、文明共存超越文明优越。人类文明多样性是世界的基本特征，也是人类进步的源泉，多样带来交流，交流孕育融合，融合产生进步。不同文明凝聚着不同民族的智慧和贡献，没有高低之别，更无优劣之分。文明差异不应该成为世界冲突的根源，而应该成为人类文明进步的动力。要促进和而不同、兼收并蓄的文明交流对话，在竞争比较中取长补短，在交流互鉴中共同发展，使文明交流互鉴成为增进各国人民友谊的桥梁、推动人类社会进步的动力、维护世界和平的纽带。

5. 生态上，要坚持环境友好

合作应对气候变化，保护好人类赖以生存的地球家园。人类可以利用自然、改造自然，但归根结底是自然的一部分，必须呵护自然，不能凌驾于自然之上。建设生态文明关乎人类未来。要解决好工业文明带来的矛盾，以人与自然和谐相处为目标，实现世界的可持续发展和人的全面发展。要牢固树立尊重自然、顺应自然、保护自然的意识，"绿水青山就是金山银山"。要坚持走绿色、低碳、循环、可持续发展之路，平衡推进 2030 年可持续发展议程，采取行动应对气候变化等新挑战，不断开拓生产发展、生活富裕、生态良好的文明发展道路，构筑尊崇自然、绿色发展的全球生态体系。

推动构建人类命运共同体是我国"五位一体"总体布局的"国际版"，是国内经济、政治、文化、社会、生态建设在全球层面的延伸，反映了人类社会共同价值的追求，汇聚了世界各国人民对美好生活向往的最大公约数，为人类社会实现共同发展、持续繁荣、长治久安绘制了蓝图，指明了前进方向，对中国和平发展、世界繁荣进步具有重大而深远的影响。

三、推动对外工作不断开创新局面

推动构建人类命运共同体不仅具有理念上的引领意义，更具有实践上的指导意

义。中国外交将深入贯彻落实习近平新时代中国特色社会主义外交思想，推动构建人类命运共同体，同世界各国携手合作，努力建设一个更加美好的世界，为实现中华民族伟大复兴的中国梦开辟更加广阔的前景。

1. 打造全球伙伴关系网络

打造全球伙伴关系网络是通往人类命运共同体的重要路径。志同道合是伙伴，求同存异也是伙伴。遵循对话而不对抗、结伴而不结盟的理念，截至 2019 年底，中国已经同 108 个国家、地区和组织建立了不同形式的伙伴关系，实现了对世界各个地区、不同类型国家的全覆盖，形成了全方位、多层次和立体化的外交布局。中国将继续聚焦各国利益交汇点，努力构筑总体稳定、均衡发展的大国关系框架。按照亲诚惠容和与邻为善、以邻为伴方针，深化同周边国家的睦邻友好。秉持正确义利观和真实亲诚理念，加强同广大发展中国家团结合作，努力维护和扩大共同利益。

2. 建设"一带一路"

建设"一带一路"是推动构建人类命运共同体的创新实践。中国将坚持对外开放的基本国策，坚持打开国门搞建设，把"一带一路"与推动构建人类命运共同体更加紧密地结合起来。在各参与方的共同努力下，"一带一路"已从倡议变为行动，从理念转化为实践，成为当今世界规模最大的国际合作平台和各方普遍欢迎的全球公共产品。100 多个国家和国际组织积极支持参与，一大批有影响力的标志性项目成功落地。中国将继续秉持共商共建共享原则，切实落实"一带一路"国际合作高峰论坛成果，加强同各参与方的政策沟通、设施联通、贸易畅通、资金融通、民心相通，把"一带一路"建成和平之路、繁荣之路、开放之路、创新之路、文明之路，使"一带一路"成为各国共同参与的宏大"交响乐"，打造国际合作新平台，增添共同发展的新动力。

3. 积极参与全球治理体系改革和建设

积极参与全球治理体系改革和建设是推动构建人类命运共同体的重要体现。近年来，中国积极参与全球治理，越来越多的中国倡议上升为国际共识，越来越多的中国方案汇聚成国际行动，为推动构建人类命运共同体作出重要贡献。中国将继续支持联合国、二十国集团、亚太经合组织、上海合作组织、金砖国家机制等发挥更大作用，推进2030年可持续发展议程、联合国气候变化框架公约《巴黎协定》生效落实，积极参与制定海洋、极地、网络等新兴领域治理规则，推动各国利益共享、责任共担，引导全球治理体系朝着更加公正合理的方向发展，进一步增强发展中国家在全球治理体系中的代表性和发言权。

第三节 促进"一带一路"国际合作

提出共建"丝绸之路"经济带和"21世纪海上丝绸之路"重大倡议，是习近平总书记深刻思考人类前途命运以及中国和世界发展大势，为促进全球共同繁荣、打造人类命运共同体所作出的重大战略决策，其开辟了我国参与和引领全球开放合作的新境界，在世界发展史上具有里程碑意义。

一、"一带一路"倡议的重大意义

习近平总书记指出，在新的历史条件下，我们提出"一带一路"倡议，就是要继承和发扬"丝绸之路"精神，把我国发展同沿线和世界各国发展结合起来，把中国梦同沿线和世界各国人民的梦想结合起来，赋予古"丝绸之路"以全新的时代内涵。这是深刻把握和理解"一带一路"倡议重大意义的基本出发点。

1. 新时代我国对外开放和经济外交的顶层设计

建设"一带一路"，是以习近平同志为核心的党中央统揽政治、外交、经济社会发展全局作出的重大战略决策，是实施新一轮扩大开放的重要举措。习近平总书记形象地指出，这"一带一路"就是要再为我们这只大鹏插上两只翅膀，建设好了，大鹏就可以飞得更高更远。这一重大合作倡议，既对新时代我国开放空间布局进行了统筹谋划，又对中国与世界实现开放共赢的路径进行了顶层设计。这是我们党关于开放理论的重大创新，彰显了中国特色社会主义道路自信、理论自信、制度自信、文化自信。

2. 破解人类发展难题的中国智慧和中国方案

国际金融危机后，世界经济深度调整、贫富分化加剧，反全球化、民粹主义等思潮抬头。其深层次根源，仍然是发展不平衡问题。如何实现发展？是在弱肉强食、以邻为壑中掠夺，还是在求同存异、共生共荣中实现？历史告诉我们，人类可以作出完全不同的选择。正是基于这样的历史纵深视野和大国责任担当，习近平总书记提出"一带一路"重大合作倡议，紧紧抓住发展这个最大公约数，着眼于世界各国人民追求和平与发展的共同梦想，致力于推动经济全球化朝着更加开放、包容、普惠、平衡、共赢的方向发展。这一重大合作倡议，旨在同沿线和世界各国分享中国发展机遇，欢迎各方搭乘中国发展的"快车""便车"，其不仅造福中国人民，更造福世界各国人民。这一重大合作倡议，为全球发展合作提供了创新思路，为破解全球发展难题贡献了中国智慧、中国方案，体现了中国将自身发展同世界发展相统一的全球视野、世界胸怀和大国担当。

3. 探索全球经济治理新模式、构建人类命运共同体的重要路径

推动建立公正合理的国际秩序，实现持久和平与繁荣稳定，一直是人类社会努力的方向。为此，国际社会不断探索，既有成功经验，也不乏失败教训。当今世界，国际格局深度调整，全球治理体系变革处在历史转折点上。在这一时代背景下，习近平总书记多次强调，"一带一路"建设不是封闭的，而是开放包容的；不是中国一家的独奏，而是沿线和世界各国的合唱。这一重大合作倡议，坚持继承创新、主动作为，强调求同存异、兼容并蓄，致力于打造不同文明和谐共融的利益共同体、责任共同体、命运共同体，推动现有国际秩序、国际规则增量改革，为完善全球治理体系提供了新思路新方案，成为有关各国实现共同发展的巨大合作平台。

二、"一带一路"倡议的丰富内涵

"一带一路"倡议顺应时代潮流，适应发展规律，符合各国人民利益，具有广

阔的前景，我们要把"一带一路"真正打造成一条和平之路、繁荣之路、开放之路、创新之路和文明之路。

1. "一带一路"是和平之路

古"丝绸之路"，和时兴，战时衰。"一带一路"建设离不开和平安宁的环境。习近平总书记指出，古"丝绸之路"沿线地区曾经是"流淌着牛奶与蜂蜜的地方"，如今很多地方却成了冲突动荡和危机挑战的代名词，这种状况不能再持续下去。沿线各国应该尊重彼此主权、尊严、领土完整，尊重彼此发展道路和社会制度，尊重彼此核心利益和重大关切。要树立共同、综合、合作、可持续的新安全观，营造共建共享的安全格局。要着力化解热点，坚持政治解决；要着力斡旋调解，坚持公道正义；要着力推进反恐，标本兼治，消除贫困落后和社会不公。

2. "一带一路"是繁荣之路

发展是解决一切问题的总钥匙。推进"一带一路"建设，应聚焦发展这个根本性问题，释放各国发展潜力，实现经济大融合、发展大联动、成果大共享。要深入开展产业合作，推动各国产业发展规划相互兼容、相互促进，抓好大项目建设，加强国际产能和装备制造合作，抓住新工业革命的发展新机遇，培育新业态，保持经济增长活力。要建立稳定、可持续、风险可控的金融保障体系，创新投资和融资模式，推广政府和社会资本合作，建设多元化融资体系和多层次资本市场，发展普惠金融，完善金融服务网络。要加强互联互通合作，大力推进基础设施"硬联通"和政策规则标准"软联通"。

3. "一带一路"是开放之路

对一个国家而言，开放如同破茧成蝶，虽会经历一时"阵痛"，但将换来新生。共建"一带一路"倡议源于中国，但机会和成果属于世界，中国不打地缘博弈小算盘，不搞封闭排他小圈子，不做凌驾于人的强买强卖。"一带一路"建设以开放为导向，解决经济增长和平衡问题。结合自身国情，积极发展开放型经济，参与全球治理和公共产品供给，携手构建广泛的利益共同体。要有"向外看"的胸怀，维护多边贸易体制，推动自由贸易区建设，促进贸易和投资自由化便利化。着力解决发展失衡、治理困境、数字鸿沟、分配差距等问题，建设开放、包容、普惠、平衡、共赢的经济全球化。

4. "一带一路"是创新之路

创新是推动发展的重要力量。"一带一路"建设本身就是一个创举，搞好"一带一路"建设也要向创新要动力。坚持创新驱动发展，加强在数字经济、人工智能、纳米技术、量子计算机等前沿领域合作，推动大数据、云计算、智慧城市建设，连接成21世纪的数字丝绸之路。促进科技同产业、科技同金融深度融合，优化创新环境，集聚创新资源。我们要为互联网时代的各国青年打造创业空间、创业工场，成就未来一代的青春梦想。践行绿色发展的新理念，倡导绿色、低碳、循环、可持续的生产生活方式，加强生态环保合作，建设生态文明，共同实现联合国2030年可持续发展目标。

5. "一带一路"是文明之路

"国之交在于民相亲，民相亲在于心相通。""一带一路"建设以文明交流超越文明隔阂、文明互鉴超越文明冲突、文明共存超越文明优越，推动各国相互理解、相互尊重、相互信任。建立多层次人文合作机制，搭建更多合作平台，开辟更多合作渠道。在文化、体育、卫生领域，要创新合作模式，推动务实项目。加强各国议会、政党、智库、民间组织往来和国际反腐合作，密切妇女、青年、残疾人等群体交流，促进包容发展。

三、"一带一路"建设造福沿线各国人民

浩渺行无极，扬帆但信风。"一带一路"重大合作倡议提出以来，备受国际社会的关注和沿线国家的广泛响应。"一带一路"建设，从倡议走向实践、从愿景变为行动，进展和成果超出预期，合作伙伴越来越多，影响力和号召力日益增强，"朋友圈"不断扩大，不仅为中国的发展营造了有利外部环境，也为构建人类命运共同体奠定了坚实基础。习近平总书记强调，要总结经验、坚定信心、扎实推进，让"一带一路"建设造福沿线各国人民。

1. 以共商共建共享为基本原则

共商共建共享是习近平总书记倡导的全球治理观，也是"一带一路"建设的重要指导原则。"共商"就是沟通协商，充分尊重各国发展水平、经济结构、法律制度、营商环境和文化传统的差异。"共建"就是共同参与，深度对接有关国家和区域发展战略。"共享"就是实现互利共赢，充分调动各方面的积极性。这三者相辅相成、密不可分，构成一个有机统一的整体。坚持共商共建共享原则，遵循平等，追求互利，充分尊重各国差异，坚持具体问题具体分析，共同探讨符合各国国情的合作模式；加强经济、金融、贸易、投资等领域宏观政策协调，实现优势互补，协同并进；不断增强各参与方的获得感，寻找与沿线和世界各国更多利益交汇点，以实实在在的合作成果充分调动各方面的积极性。

2. 以深化"五通"合作为关键支撑

政策沟通、设施联通、贸易畅通、资金融通和民心相通，是"一带一路"建设的核心内容。习近平总书记多次深入阐释"五通"的内涵，提出深化"五通"合作的务实举措。促进"一带一路"国际合作，以"五通"为抓手，广泛凝聚合作共识、全面提升合作水平。加强政策沟通，形成政策协调、规划对接的合力，促进相关国家协同联动的发展，不断夯实"一带一路"建设的政治基础；加强设施联通，以重大项目和重点工程为引领，不断完善"一带一路"建设的基础设施网络；加强贸易畅通，促进贸易和投资自由化便利化，不断释放互利合作的活力；加强资金融通，深化金融领域合作，不断健全"一带一路"建设的多元化投融资体系；加强民心相通，不断搭建沿线和世界各国的友好桥梁，让"一带一路"建设更好地造福沿线和世界各国人民。

3. 以构建全面开放新格局为努力方向

习近平总书记指出，过去我国的开放基于沿海地区，面向海洋、面向发达国家，今后更多要考虑中西部地区和沿边地区，进一步向西开放、向周边国家开放。新形势下推进"一带一路"国际合作，就是要着眼于打通内陆开放、向西开放通道，畅通海上开放通道，在提升"向东"开放水平的同时，加快"向西"开放步伐，推动内陆沿边地区成为开放前沿，实现开放空间逐步从沿海、沿江向内陆、沿边延伸。加强"一带一路"建设同京津冀协同发展、长江经济带发展、粤港澳大湾区建设等国家战略的对接，同西部开发、东北振兴、中部崛起、东部率先发展、沿边开发开放结合，优化区域开放布局，加大西部开放力度，打造西部及东北地区开放新前沿，发挥内陆地区开放腹地新优势，实现沿海地区引领开放新突破，形成陆海统筹、东西联动的全面开放新格局。

一花独放不是春，百花齐放春满园。"一带一路"国际合作展现出蓬勃生机与活力。在"一带一路"实践中，内陆地区特别是中西部地区逐步从开放末梢走向开放前沿，拓展了开放型经济发展空间，一大批互联互通项目规划实施，各领域人文合作深入开展。据统计，2013~2017年，中国与"一带一路"沿线国家和地区，货物贸易额累计超过5万亿美元，对外直接投资超过700亿美元，中国企业在沿线国家和地区推进建设75个经贸合作区，上缴东道国税费22亿美元，创造21万个就业岗位。在国际舞台上，全球140多个国家和地区、80多个国际组织积极支持和参与"一带一路"建设，首届"一带一路"国际合作高峰论坛成功举办，成为推动全球发展合作的机制化平台，赢得国际社会的高度赞誉。"一带一路"建设的生动实践，给世界上那些既希望加快发展又希望保持自身独立性的国家和民族提供了重要借鉴，让世界更加关注中国道路，提升了中国特色社会主义制度的国际影响力、感召力。

四、拓展"一带一路"国际合作新空间

习近平总书记强调，要积极促进"一带一路"国际合作，努力实现政策沟通、设施联通、贸易畅通、资金融通、民心相通，打造国际合作新平台，增添共同发展新动力。这是在新的历史起点上谱写"一带一路"新篇章的政治宣言和行动纲领。

1. 深化贸易投资合作

开展贸易和投资合作要统筹国际国内两个市场、两种资源，双向开放才能实现更好的利益融合。一是完善贸易投资促进机制。在现有区域和双边合作框架下，进一步完善与相关国家的贸易投资促进机制，与国际组织联合开展战略性问题研究。

推动与沿线和有关国家商签或修订贸易投资便利化条约和协定。二是有序引导支持对外投资。开展优势产能、装备制造和基础设施建设合作，共同建好一批示范性经贸合作区。创新对外投资方式，以投资带动贸易发展、产业发展。三是鼓励沿线和有关国家来华投资。积极开展投资促进工作，吸引沿线和有关国家企业到我国投资兴业，特别是投向高新技术产业、先进制造业和现代服务业，支持国内实体经济发展。四是促进贸易双向平衡。搭建好经贸交流新平台，进一步向世界开放市场。优化出口商品结构，提高传统优势产品的竞争力。加强跨境电子商务合作，大力发展服务贸易，培育贸易新的增长点。

2. 促进基础设施互联互通

基础设施互联互通是"一带一路"建设的优先领域。当前，"一带一路"建设进入深耕细作的新阶段，要继续把互联互通作为重点，打破沿线和有关国家发展的"瓶颈"。一是完善基础设施联通网络。扎实推进国际经济合作走廊建设。以铁路、公路、航空、水运、通信、电力、油气管网为重点，聚焦关键通道、关键城市、关键项目，着力推动陆上、海上、天上、网上四位一体的联通。二是协调政策规则标准联通。加强与相关国家和地区基础设施建设规划、质量技术体系对接，开展海关、检验检疫、边境管理等合作，促进政策、规则、标准三位一体的联通，为互联互通提供机制保障。三是创新设施联通融资渠道。充分发挥亚洲基础设施投资银行、丝路基金等平台作用，深化金融机构与金融市场合作，创新投资和融资模式，加大完善服务"一带一路"建设金融支持保障体系。

3. 加强创新能力开放合作

创新是推动发展的重要力量。搞好"一带一路"建设也要向创新要动力，加强创新能力开放合作，推动创新资源共享、创新优势互补，促进沿线和有关国家创新能力的共同提升。加强技术创新的开放合作，把握新一轮产业革命带来的机遇，推进国际科研项目合作，着力加强在数字经济、人工智能等前沿领域合作。加强理论创新的交流互鉴，建设好智库联盟和合作网络，加强"一带一路"建设学术研究、理论支撑、话语体系建设，为各国开辟发展新路径提供智力支持。加强创新人才资源的交流合作，加强同沿线和有关国家科技人才交流，合作培养培训各类专业人才，夯实"一带一路"建设的民意基础。

4. 加强全球经济治理合作

全球经济治理应该以合作为动力，全球性挑战需要全球性应对。主动参与和引领全球经济议程，参与全球治理和公共产品供给，增强新兴经济体和发展中国家在国际事务中的代表性和发言权，推动形成更加公正、合理的国际经济秩序。积极同有意愿的国家和地区商建自由贸易区，逐步形成立足周边、辐射"一带一路"、面向全球的高标准自由贸易区网络。积极参与国际经贸规则制定、争取全球经济治理制度性权力，不当旁观者、跟随者，要做参与者、引领者，在国际规则制定中发出更多中国声音、注入更多中国元素。

思考题

1. 如何理解习近平外交思想的总体框架和核心要义？

2. 什么是人类命运共同体？如何构建人类命运共同体？

3. 如何理解"一带一路"倡议的丰富内涵？你认为如何推动"一带一路"可持续发展？

第十一章
努力掌握马克思主义思想及其思想方法和工作方法

习近平新时代中国特色社会主义思想，是坚持和运用辩证唯物主义和历史唯物主义的光辉典范，蕴含着丰富的马克思主义思想及其思想方法和工作方法，既是世界观、历史观，也是认识论、方法论；既讲是什么、怎么看，又讲怎么办、怎么干；既部署"过河"的任务，又指导解决"桥或船"的问题，为推进党和国家事业发展提供了锐利思想武器。学习掌握这一思想，既要全面准确领会其中的丰富内涵、思想体系和实践要求，又要深刻把握贯穿其中的科学思想方法和工作方法，不断提高攻坚克难、化解矛盾、驾驭复杂局面的能力，在新时代更好地坚持和发展中国特色社会主义。

第一节　马克思主义鲜明特征和基本立场

马克思有一句名言："批判的武器当然不能代替武器的批判，物质力量只能用物质力量来摧毁；但是理论一经掌握群众，也会变成物质力量。"马克思主义主要由哲学、政治经济学、科学社会主义三大组成部分构成。这三大组成部分分别来源于德国古典哲学、英国古典政治经济学、法国空想社会主义，然而，最终升华为马克思主义的根本原因是马克思对所处的时代和世界的深入考察，是马克思对人类社会发展规律的深刻把握。马克思说："共产党人的理论原理，决不是以这个或那个世界改革家所发明或发现的思想、原则为根据的。""这些原理不过是现存的阶级斗争、我们眼前的历史运动的真实关系的一般表述。"

一、马克思主义是科学的理论

在马克思提出科学社会主义之前，空想社会主义者早已存在，他们怀着悲天悯人的情感，对理想社会有很多美好的设想，但由于没有揭示社会发展规律，没有找到实现理想的有效途径，因而也就难以真正对社会发展发生作用。马克思创建了唯物史观和剩余价值学说，揭示了人类社会发展的一般规律，揭示了资本主义运行的特殊规律，为人类指明了从必然王国向自由王国飞跃的途径，为人民指明了实现自由和解放的道路。

二、马克思主义是人民的理论

马克思主义博大精深，归根结底就是一句话，为人类求解放。在马克思之前，社会上占统治地位的理论都是为统治阶级服务的。马克思主义第一次站在人民的立场探求人类自由解放的道路，以科学的理论为最终建立一个没有压迫、没有剥削、人人平等、人人自由的理想社会指明了方向。马克思主义之所以具有跨越国度、跨越时代的影响力，就是因为它植根人民之中，指明了依靠人民推动历史前进的人间正道。

三、马克思主义是实践的理论

马克思说，"全部社会生活在本质上是实践的"，"哲学家们只是用不同的方式解释世界，问题在于改变世界"。实践的观点、生活的观点是马克思主义认识论的基本观点，实践性是马克思主义理论区别于其他理论的显著特征。马克思主义不是书斋里的学问，而是为了改变人民历史命运而创立的，是在人民求解放的实践中形成的，也是在人民求解放的实践中丰富和发展的，为人民认识世界、改造世界提供了强大精神力量。

四、马克思主义是不断发展的开放的理论

马克思一再告诫人们，马克思主义理论不是教条，而是行动指南，必须随着实践的变化而发展。一部马克思主义发展史就是马克思、恩格斯以及他们的后继者们不断根据时代、实践、认识发展而发展的历史，是不断吸收人类历史上一切优秀思想文化成果丰富自己的历史。因此，马克思主义能够永葆其美妙之青春，不断探索时代发展提出的新课题、回应人类社会面临的新挑战。马克思主义的基本立场，是马克思主义观察、分析和解决问题的根本立足点和出发点。马克思主义以无产阶级的解放和全人类的解放为己任，以人的自由全面发展为美好目标，以人民为中心，一切为了人民，一切依靠人民。

第二节　学习实践马克思主义思想观点

马克思主义思想理论博大精深、常学常新。在新时代中，中国共产党仍然要学习和实践马克思主义，不断从中汲取科学智慧和理论力量，在统筹推进"五位一体"总体布局、协调推进"四个全面"战略布局中，更有定力、更有自信、更有智慧地坚持和发展新时代中国特色社会主义，确保中华民族伟大复兴的巨轮始终沿着正确航向破浪前行。

一、关于人类社会发展规律的思想

马克思主义科学揭示了人类社会最终走向共产主义的必然趋势。马克思、恩格斯坚信，未来社会"将是这样一个联合体，在那里，每个人的自由发展是一切人的自由发展的条件"，"无产者在这个革命中失去的只是锁链。他们获得的将是整个世界"。马克思坚信历史潮流奔腾向前，只要人民成为自己的主人、社会的主人、人类社会发展的主人，共产主义理想就一定能够在不断改变现存状况的现实运动中一步一步实现。马克思主义奠定了共产党人坚定理想信念的理论基础。

我们要全面掌握辩证唯物主义和历史唯物主义的世界观和方法论，深刻认识实现共产主义是由一个一个阶段性目标逐步达成的历史过程，把共产主义远大理想同中国特色社会主义共同理想统一起来、同我们正在做的事情统一起来，坚定中国特色社会主义道路自信、理论自信、制度自信、文化自信，坚守共产党人的理想信念，为共产主义奋斗终生。

二、关于坚守人民立场的思想

人民性是马克思主义最鲜明的品格。马克思说，"历史活动是群众的活动"。让人民获得解放是马克思毕生的追求。

我们要始终把人民立场作为根本立场，把为人民谋幸福作为根本使命，坚持全心全意为人民服务的根本宗旨，贯彻群众路线，尊重人民主体地位和首创精神，始终保持同人民群众的血肉联系，凝聚起众志成城的磅礴力量，团结带领人民共同创造历史伟业。这是尊重历史规律的必然选择，是共产党人不忘初心、牢记使命的自觉担当。

三、关于生产力和生产关系的思想

马克思主义认为，物质生产力是全部社会生活的物质前提，同生产力发展一定阶段相适应的生产关系的总和构成社会经济基础。生产力是推动社会进步最活跃、最革命的要素。"人们所达到的生产力的总和决定着社会状况。"生产力和生产关系、经济基础和上层建筑相互作用、相互制约，支配着整个社会发展进程。

解放和发展社会生产力是社会主义的本质要求，是中国共产党人接力探索、着力解决的重大问题。新中国成立以来，特别是改革开放以来，在不到 70 年的时间里，我们党带领人民坚定不移解放和发展社会生产力，走完了西方几百年的发展历程，推动我国快速成为世界第二大经济体。我们要勇于全面深化改革，自觉通过调整生产关系激发社会生产力发展活力，自觉通过完善上层建筑适应经济基础发展要求，让中国特色社会主义更加符合规律地向前发展。

四、关于人民民主的思想

马克思、恩格斯指出，"无产阶级的运动是绝大多数人的，为绝大多数人谋利益的独立的运动"，"工人阶级一旦取得统治权，就不能继续运用旧的国家机器来进行管理"，必须"以新的真正民主的国家政权来代替"。国家机关必须由社会主人变为社会公仆，接受人民监督。

我们要坚定不移地走中国特色社会主义政治发展道路，在坚持党的领导、人民当家作主、依法治国有机统一中推进社会主义民主政治建设，不断加强人民当家作主的制度保障，加快推进国家治理体系和治理能力现代化，充分调动人民的积极性、主动性、创造性，更加切实、更有成效地实施人民民主。

五、关于文化建设的思想

马克思认为，在不同的经济和社会环境中，人们生产不同的思想和文化，思想文化建设虽然决定于经济基础，但又对经济基础发生反作用。先进的思想文化一旦被群众掌握，就会转化为强大的物质力量；反之，落后的、错误的观念如果不破除，就会成为社会发展进步的桎梏。理论自觉、文化自信，是一个民族进步的力量；价值先进、思想解放，是一个社会活力的来源。国家之魂，文以化之、文以铸之。

我们要立足中国，面向现代化、面向世界、面向未来，巩固马克思主义在意识形态领域的指导地位，发展社会主义先进文化，加强社会主义精神文明建设，把社会主义核心价值观融入社会发展的各个方面，推动中华优秀传统文化创造性转化、创新性发展，不断提高人民思想觉悟、道德水平、文明素养，不断铸就中华文化的新辉煌。

六、关于社会建设的思想

马克思、恩格斯设想，在未来社会中，"生产将以所有的人富裕为目的"，"所有人共同享受大家创造出来的福利"。恩格斯结合马克思在《共产党宣言》《哥达纲领批判》《资本论》等著作中提出的一系列主张，阐明在社会主义条件下，社会应该"给所有的人提供健康而有益的工作，给所有的人提供充裕的物质生活和闲暇时间，给所有的人提供真正的充分的自由"。

人民对美好生活的向往就是我们的奋斗目标。我们要坚持以人民为中心的发展思想，抓住人民最关心最直接最现实的利益问题，不断保障和改善民生，促进社会公平正义，在更高水平上实现幼有所育、学有所教、劳有所得、病有所医、老有所养、住有所居、弱有所扶，让发展成果更多更公平地惠及全体人民，不断促进人的全面发展，朝着实现全体人民共同富裕不断迈进。

七、关于人与自然关系的思想

马克思认为，"人靠自然界生活"，自然不仅给人类提供了生活资料来源，如肥沃的土地、鱼产丰富的江河湖海等，而且给人类提供了生产资料来源。自然物构成人类生存的自然条件，人类在同自然的互动中生产、生活、发展，人类善待自然，自然也会馈赠人类，但"如果说人靠科学和创造性天才征服了自然力，那么自然力也对人进行报复"。自然是生命之母，人与自然是生命共同体，人类必须敬畏自然、尊重自然、顺应自然、保护自然。

我们要坚持人与自然和谐共生，牢固树立和切实践行"绿水青山就是金山银山"的理念，动员全社会力量推进生态文明建设，共建美丽中国，让人民群众在绿水青山中共享自然之美、生命之美、生活之美，并走出一条生产发展、生活富裕、生态良好的文明发展道路。

八、关于世界历史的思想

马克思、恩格斯说："各民族的原始封闭状态由于日益完善的生产方式、交往以及因交往而自然形成的不同民族之间的分工消灭得越是彻底，历史也就越是成为世界历史。"马克思、恩格斯当年的这个预言，现在已经成为现实，历史和现实日益证明这个预言的科学价值。今天，人类交往的世界性比过去任何时候都更深入、更广泛，各国相互联系和彼此依存比过去任何时候都更频繁、更紧密。一体化的世界就在那儿，谁拒绝这个世界，这个世界也会拒绝他。万物并育而不相害，道并行而不相悖。

我们要站在世界历史的高度审视当今世界发展趋势和面临的重大问题，坚持和平发展的道路，坚持独立自主的和平外交政策，坚持互利共赢的开放战略，不断拓展同世界各国的合作，积极参与全球治理，在更多领域、更高层面上实现合作共赢、共同发展，不依附别人、更不掠夺别人，同各国人民一道努力构建人类命运共同体，把世界建设得更加美好。

九、关于马克思主义政党建设的思想

马克思认为，"在无产阶级和资产阶级的斗争所经历的各个发展阶段上，共产党人始终代表整个运动的利益"，"他们没有任何同整个无产阶级的利益不同的利益"，而是要"为绝大多数人谋利益"，为建设共产主义社会而奋斗。共产党要"在全世界面前树立起可供人们用来衡量党的运动水平的里程碑"。始终同人民在一起，为人民利益而奋斗，这是马克思主义政党同其他政党的根本区别。

我们要统揽伟大斗争、伟大工程、伟大事业、伟大梦想，增强政治意识、大局意识、核心意识、看齐意识，持之以恒地推进全面从严治党，坚持把党的政治建设摆在首位，坚持和加强党的全面领导，坚决维护党中央权威和其集中统一的领导，做到坚持真理、修正错误，永远保持共产党的政治本色，把党建设成为始终走在时代前列、人民衷心拥护、勇于自我革命、经得起各种风浪考验、朝气蓬勃的马克思主义执政党！

第三节　掌握马克思主义思想方法和工作方法

一、坚持实事求是

毛泽东同志指出："'实事'就是客观存在着的一切事物，'是'就是客观事物的内部联系，即规律性，'求'就是我们去研究。"即从客观存在着的"实事"中找到事物运动发展的规律，把事物的客观之"理"转化为人的认识之"理"，即真理。

　　实事求是作为党的思想路线，始终是马克思主义中国化理论成果的精髓和灵魂。习近平总书记指出："实事求是，是马克思主义的根本观点，是中国共产党人认识世界、改造世界的根本要求，是我们党的基本思想方法、工作方法、领导方法。"实践反复证明，坚持实事求是，就能兴党兴国；违背实事求是，就会误党误国。

　　坚持实事求是的基础在于搞清楚"实事"。深入了解实际、掌握实情，真正掌握全面、真实、丰富、生动的第一手材料，真正掌握"实事"的客观实际情况，这是进行一切科学决策所必需的也是唯一可靠的前提和基础。

　　坚持实事求是的关键在于"求是"。深入探求和掌握事物发展的规律，勇于实践、善于实践，在实践中积累经验、进行理论升华，再用以指导实践、推动实践，在实践中使认识得到检验、修正、丰富和发展，这是认识客观规律的根本途径。作决策、办事情、谋发展，都要认识规律、遵循规律。能否坚持实事求是，能否一切从实际出发，能否按客观规律办事，是决定工作有无主动权和得失成败的关键所在。

　　坚持实事求是的根本在于始终坚持党的群众路线。群众路线是我们党的根本工作路线，与实事求是的思想路线相辅相成、完全统一。一方面，实事求是是在实践基础上认识世界的过程，这一过程要通过"从群众中来"才能实现，只有及时发现、总结、概括人民创造的新鲜经验，才能获得正确反映客观规律的真理性认识，才能制定出符合客观规律的科学决策。另一方面，实事求是又是在实践基础上改造世界的过程，这一过程要通过"到群众中去"才能实现，来自群众的正确意见和真理性认识只有为群众所掌握，才能转化为改造世界的实际行动。要坚持一切从人民根本利益出发，深入群众听取意见，使各项决策和各方面工作既符合实际情况和客观规律，又符合人民意愿。只有这样，才能真正做到实事求是。

　　坚持实事求是的方法在于不断解放思想。解放思想与实事求是是辩证统一的，要求思想认识符合客观实际，冲破落后的传统观念和主观偏见的束缚，改变因循守旧、不接受新事物的精神状态，与时俱进地把我们的事业和各项工作不断推向前进。客观实际是不断发展变化的，对客观事物及其规律的认识是不断深化的，实事求是永无止境，解放思想也永无止境。只有解放思想，才能真正做到实事求是；只有实事求是，才是真正解放思想。新时代新征程要求进一步解放思想，坚持真理、修正错误，勇于变革、勇于创新，永不僵化、永不停滞，在深入研究新情况、不断解决新问题的实践中增强本领、提高能力。

二、坚持战略定力

面对国际局势风云变幻，国内改革发展稳定任务十分繁重的形势，习近平总书记指出："在这样的复杂环境中，保持理论上的清醒、增强政治上的定力是很要紧的。"始终保持强大战略定力，在战略上判断准确、谋划科学、赢得主动，党和人民事业就会大有希望，就会立于不败之地，不断开辟前行道路。缺乏足够战略定力，就容易出现在心理上患得患失、行动上犹豫不决、战略上摇摆不定，就容易随波逐流、进退失据，乃至丧失行动能力，错失发展机遇。进行伟大斗争、建设伟大工程、推进伟大事业、实现伟大梦想，不仅要有"不到长城非好汉"的进取精神，更要有"乱云飞渡仍从容"的战略定力。

坚持战略定力，要一以贯之坚持和发展中国特色社会主义。习近平总书记指出："在道路、方向、立场等重大原则问题上，旗帜要鲜明，态度要明确，不能有丝毫含糊。"他反复强调，"在政治制度模式上，我们就是要咬定青山不放松、任尔东西南北风。"自改革开放以来，我们党每当遇到严峻挑战，党中央总是能够沉着冷静、把握得当、因应适宜，总是能够成功扭转危局、化危为机、开创新局，其根本原因在于我们党始终保持强大的战略定力，坚持独立自主，既不走封闭僵化的老路，也不走改旗易帜的邪路，而是坚定不移地走中国特色社会主义道路。

坚持战略定力，要在制定政策时冷静观察、谨慎从事、谋定后动。大国治理强调政策的稳定性、延续性，切不可朝令夕改。习近平总书记多次强调："中国是一个大国，绝不能在根本性问题上出现颠覆性错误，一旦出现就无法挽回、无法弥补。"当前，随着我国改革不断全面向纵深推进，各种思想文化相互激荡，各种矛盾相互交织，各种诉求相互碰撞，各种力量竞相发声，推进改革的敏感程度、复杂程度前所未有。在这种情况下，确保改革沿着正确方向前进，需要无比强大的战略定力。必须始终保持清醒头脑，不为各种错误观点所左右，不为各种干扰所迷惑，坚持一切从实际出发，以我为主，该改的坚决改，不该改的坚决守住，牢牢把握改革的领导权和主动权。

坚持战略定力，要在复杂多变的国际局势中平心静气、静观其变。"纷繁世事多元应，击鼓催征稳驭舟。"习近平总书记指出，当今世界，风云变幻，最需要的是战略定力。要集中精力做好自己的事，坚定不移地走和平发展的道路，推动构建新型国际关系，推动构建人类命运共同体。在这个问题上，要有足够的战略定力和战略自信，不要因一时一事或某些人、某些国家的言论而受到影响，更不能掉入别人故意设置的各种陷阱中而使我们长期致力维护的和平环境受到破坏，耽误和平发展的大局。善于审时度势、内外兼顾、趋利避害，从国际形势和国际条件的发展变化中把握方向、用好机遇、创造条件、驾驭全局，在复杂形势下做到"任凭风浪起，稳坐钓鱼船"。

坚持战略定力，要坚持稳中求进的工作总基调。有定力并不意味着一成不变，而是要把握好变和不变的关系。稳中求进的工作总基调是治国理政的重要原则，"稳"也好，"进"也好，是辩证统一、互为条件的。推进各项工作，都要审时度势、深思熟虑、尊重规律，该稳的要稳住，该进的要进取，把握好工作的节奏和力度。

三、坚持问题导向

人类认识世界和改造世界的过程就是发现问题、解决问题的过程。问题是时代的声音，每个时代总有属于它自己的问题，只有树立强烈的问题意识，才能实事求是地对待问题，才能找到引领时代进步的路标。习近平总书记指出："我们中国共产党人干革命、搞建设、抓改革，从来都是为了解决中国的现实问题。"只有始终树立问题意识、坚持问题导向，科学分析问题、深入研究问题、弄清问题性质、找到症结所在，才能不断有效破解前进中的各种难题，才能开创新时代党和国家事业发展的新局面。

坚持问题导向，要敢于正视问题、善于发现问题。问题无处不在、无时不有，关键在敢不敢于正视问题，善不善于发现问题。面对纷繁复杂的国内外形势，要学会在国际国内相互联系中发现问题，形成既符合世界发展潮流又符合我国发展阶段性特征的发展战略；在改革发展实践中发现问题，结合各地区各部门实际，创造性地贯彻落实中央决策部署；在总结经验教训中发现问题，深入思考并及时发现事业进程中的新情况、新苗头，由此全面把握矛盾，掌握解决问题的主动。

坚持问题导向，要科学分析问题、深入研究问题。发现问题是前提，能不能正确分析问题更见功力。习近平总书记强调："要学习掌握事物矛盾运动的基本原理，不断强化问题意识，积极面对和化解前进中遇到的矛盾。"坚持用辩证唯物主义和历史唯物主义方法，善于具体问题具体分析，弄清楚哪些是体制机制弊端造成的问题，哪些是工作责任不落实造成的问题，哪些是条件不具备一时难以解决的问题；善于透过现象看本质，从繁杂问题中把握事物的规律性，从苗头问题中发现事物的倾向性，从偶然问题中揭示事物的必然性；善于抓主要矛盾和矛盾的主要方面，注重抓事关全局、事关长远发展、事关人民福祉的紧要问题，进而明确有效破解问题的主攻方向，带动全局工作，推进事业全面发展。

坚持问题导向，要敢于触及矛盾、长于解决问题。增强问题意识，既要见思想，更要见行动，这需要党员干部以解决问题为工作导向，瞄着问题去，追着问题走，把化解矛盾、破解难题作为履职尽责的第一要务。对照形势发展的新要求，抓紧解决本地区、本部门、本单位长远发展的重大问题；对照人民群众的新期待，抓紧解决工作中存在的损害人民群众利益的突出问题；对照党章的标准和要求，从习以为常的现象中发现思想作风方面存在的倾向性、苗头性、潜在性问题，防患于未然。

四、坚持全面协调

全面协调是以习近平同志为核心的党中央治国理政的鲜明特征，反映了唯物辩证法的根本要求。唯物辩证法揭示了物质世界普遍联系和永恒发展的特性，要求人们在认识世界和改造世界的过程中，充分运用辩证方法观察和处理问题，正确分析矛盾，在对立中把握统一、在统一中把握对立，善于处理局部和全局、当前和长远、重点和非重点的关系，统筹把握、协调推进，实现最为有利的战略部署。当前，我国社会各种利益关系十分复杂，要坚持全面协调的思想方法和工作方法，发展地而不是静止地、全面地而不是片面地、系统地而不是零散地、普遍联系地而不是单一孤立地观察事物，准确把握客观实际，真正掌握规律，妥善处理好新时代坚持和发展中国特色社会主义的各种重大关系。

坚持全面协调，要做到两点论与重点论的统一。习近平总书记指出："在任何工作中，我们既要讲两点论，又要讲重点论，没有主次，不加区别，眉毛胡子一把抓，是做不好工作的。"推进中国特色社会主义总体布局和战略布局，既要注重总体谋划，又要注重牵住"牛鼻子"。比如，在协调推进"四个全面"战略布局中，既对全面建成小康社会作出全面部署，又强调"小康不小康，关键看老乡"；既对全面深化改革作出顶层设计，又强调突出抓好重要领域和关键环节的改革；既对全面依法治国作出系统部署，又强调以建设中国特色社会主义法治体系、建设社会主义法治国家为总目标和总抓手；既对全面从严治党提出系列要求，又把党风廉政建设作为突破口，着力解决人民群众反映强烈的"四风"问题，着力解决不敢腐、不能腐、不想腐的问题。

坚持全面协调，要讲究"十个指头弹钢琴"的艺术。习近平总书记深刻指出："必须在把情况搞清楚的基础上，统筹兼顾、综合平衡，突出重点、带动全局，有的时候要抓大放小、以大兼小，有的时候又要以小带大、小中见大，形象地说，就是要十个指头弹钢琴。"坚持科学统筹，统筹党和国家事业全局，统筹国内国际两个大局，统筹发展和安全两件大事，把经济建设、政治建设、文化建设、社会建设、生态文明建设及其各个环节统筹好、协调好，通盘考虑各方面情况和进展，兼顾推进的速度、力度和进度，把握平衡、综合施策，以达到更好的效果。

坚持全面协调，要牢固树立大局意识、全局观念。习近平总书记强调，领导干部要善于观大势、谋大事，自觉在大局下想问题、做工作。新时代中国特色社会主义是全面发展、全面进步的事业，只有站在时代前沿和战略全局的高度观察、思考和处理问题，从政治上认识和判断形势，透过纷繁复杂的表面现象把握事物的本质和发展的内在规律，才能在解决突出问题中实现战略突破，在把握战略全局中推进各项工作。把握全局与服从大局是内在统一的，要摆正本地区、本部门、本单位工作在全局中的位置，自觉在大局下行动，不折不扣地贯彻落实中央重大决策部署，紧密结合自身实际创造性执行，做到既为一域增光，更为全局添彩。

五、坚持底线思维

坚持底线思维，是做好领导工作的一个重要战略策略。只有凡事从最坏处准备，努力争取最好的结果，才能有备无患、遇事不慌，牢牢把握主动权。毛泽东同志多次说过，不论任何工作，我们都要放在最坏的基础上来设想，从最坏的可能性来想、来部署。邓小平同志强调："我们要把工作的基点放在出现较大的风险上，准备好对策。这样，即使出现了大的风险，天也不会塌下来。"习近平总书记反复强调，当前和今后一个时期，我们在国际和国内面临的矛盾和风险都不少，绝不能掉以轻心，"各种风险我们都要防控，但重点要防控那些可能迟滞或中断中华民族伟大复兴的全局性风险，这是我一直强调底线思维的根本含义"。我们要提高底线思维能力，居安思危、未雨绸缪，宁可把形势想得更复杂一点，把挑战看得更严峻一些，做好应付最坏局面的思想准备。

坚守底线思维，例如，在道路方向问题上，强调不能犯颠覆性错误，既不走封闭僵化的老路，也不走改旗易帜的邪路；在经济建设方面，强调要把防控金融风险放到更加重要的位置，坚决守住不发生系统性风险的底线；在依法治国方面，强调牢固树立法律红线不能触碰、法律底线不能逾越的观念，守住做人、处事、用权、交友的底线，自觉维护法律尊严和权威；在生态环境保护方面，强调实行最严格的生态环境保护制度，严守生态保护红线；在外交战略方面，强调坚持走和平发展的道路，但绝不能放弃我们的正当权益，绝不能牺牲国家核心利益等。要准确把握这些重要论述的丰富内涵和精神实质，树立明确的底线意识，绝不能触碰、践踏和逾越那些事关党和国家事业兴衰成败、中国特色社会主义前途命运、中华民族伟大复兴和中国人民根本利益的原则界限，要不断增强坚守底线的坚定性和自觉性。

把新时代中国特色社会主义建设好，是一项长期而艰巨的历史任务。事业越前进、越发展，新情况新问题就会越多，越是取得成绩的时候，越要有如履薄冰的谨慎，越要有居安思危的忧患。要把底线思维贯穿工作始终，增强忧患意识，把困难和挑战估计得充分一些，把应对各种复杂局面、意外情况的预案做得周密一些，积极寻求规避系统性风险、化解复杂矛盾、谋求创新发展的路径和方法，千方百计"托底""守底""保底"，确保在风险可控范围内实现发展目标。

六、坚持调查研究

重视调查研究是我们党做好工作的传家宝。习近平总书记指出："调查研究是谋事之基、成事之道。没有调查，就没有发言权，更没有决策权。"经常开展调查研究，非常有益于促进领导干部正确认识客观世界，改造客观世界和主观世界，转变工作作风，增进同人民群众的感情，有益于深切了解群众的需求、愿望和创造精神、实践经验。

坚持调查研究，要找准问题、有的放矢。开展调查研究的目的是把事情的真相和全貌调查清楚，把问题的本质和规律把握准确，把解决问题的思路和对策研究透彻。紧紧围绕党的路线方针政策和中央重大决策部署的贯彻执行，深入研究影响和制约经济社会持续健康发展的突出问题，深入研究人民群众反映强烈的热点难点问题，深入研究党的建设面临的重大理论和实际问题，深入研究事关改革发展稳定大局的重点问题，深入研究当今世界政治经济等领域的重大问题。这样才能使调查研究工作同中心工作和决策需要紧密结合起来，更好地为各级党委和政府科学决策服务，为提高党的领导水平和执政水平服务。

坚持调查研究，要深入实际、深入基层、深入群众。人民群众的社会实践是获得正确认识的源泉，也是检验和深化认识的根本所在。调查研究成果的质量如何，形成的意见正确与否，最终都要由人民群众的实践来检验。多层次、多方位、多渠道地调查了解情况，既要调查机关，又要调查基层；既要调查干部，又要调查群众；既要解剖典型，又要了解全局；既要到工作局面好和先进的地方去总结经验，又要到困难较多、情况复杂、矛盾尖锐的地方去研究问题。基层、群众、重要典型和困难的地方，应成为调研重点，要花更多的时间去了解和研究。尤其对群众最盼、最急、最忧、最怨的问题更要主动调研、抓住不放，真正听到实话、察到实情、获得真知、收到实效。

坚持调查研究，要制度化经常化。在坚持和加强调查研究方面，我们党相继制定了一系列行之有效的制度。在实践中大力弘扬、健全完善、抓好落实，使调查研究真正成为各级领导干部自觉的经常性活动。坚持和完善先调研后决策的重要决策调研论证制度，把调查研究贯穿决策的全过程，使之真正成为决策的必经程序，提高决策的科学化水平。领导干部要带头调查研究，拿出一定时间深入基层，特别是主要负责人要亲自主持重大课题的调研。领导干部不仅要"身入"基层，更要"心到"基层，直接了解基层干部群众的所想、所急、所盼。适应新形势新情况特别是当今社会信息网络化的特点，进一步拓展调研渠道、丰富调研手段、创新调研方式，但不管信息技术多么发达，有多少了解情况的其他渠道，都不能替代自身深入实际、深入基层、深入群众进行实地的调查研究。过去常用的蹲点调研、解剖麻雀的调研方式，在信息化时代依然是管用的，可以有选择地开展。

"纸上得来终觉浅，绝知此事要躬行。"面对新形势新任务，要在全党大兴调查研究之风。党的十九大明确了新时代坚持和发展中国特色社会主义的大政方针，作出了一系列重大工作部署，提出了一系列重大举措，关键是抓好贯彻落实。习近平总书记强调，正确的贯彻落实，离不开调查研究。要积极开展调查研究，扑下身子、沉到一线，迈开步子、走出院子，到车间码头，到田间地头，到市场社区，亲身察看、亲身体验。调查研究要紧扣人民群众生产生活，紧扣经济社会发展实际，紧扣全面从严治党面临的现实问题，紧扣贯彻落实党的十九大精神需要解决的问题，多到群众意见多的地方去，多到工作做得差的地方去，既听群众的顺耳话，也听群众的逆耳言，这样才能切实把存在的矛盾和问题搞清搞透，把各项工作做实做好。

七、坚持抓铁有痕

马克思有句名言："一个行动胜过一打纲领。"反对空谈阔论，强调真抓实干，始终是中国共产党的优良传统。习近平总书记反复强调，空谈误国，实干兴邦。要以踏石留印、抓铁有痕的劲头，切实干出成效来，做到言必信、行必果。要在全社会大力弘扬真抓实干、埋头苦干的良好风尚，特别是各级领导干部要带头发扬实干精神，出实策、鼓实劲、办实事，不图虚名、不务虚功，以身作则带领群众把各项工作扎扎实实做好。

要发扬钉钉子精神。习近平总书记反复讲，钉钉子往往不是一锤子就能钉好的，而是要一锤一锤接着敲，直到把钉子钉实钉牢，钉牢一颗再钉下一颗，不断钉下去，必然大有成效。如果东一榔头西一棒子，结果很可能是一颗钉子都钉不上、钉不牢。做工作、干事业也是这样，要以钉钉子的精神真抓实干，不折腾、不反复，切实把工作落到实处，做出经得起实践、人民、历史检验的实绩。

要一张蓝图绘到底。习近平总书记指出："我们要牢记一个道理，政贵有恒。为官一方，为政一时，当然要大胆开展工作、锐意进取，同时也要保持工作的稳定性和连续性。"一张好的蓝图，只要是科学的、切合实际的、符合人民愿望的，就要一茬接着一茬干，一棒接着一棒跑，干出来的都是实绩。领导干部要有"功成不必在我"的思想境界，牢固树立正确政绩观，既要做让人民群众看得见、摸得着、得实惠的实事，也要做为后人做铺垫、打基础、立长远的好事，既要做显绩，也要做潜绩。不搞劳民伤财的"形象工程""政绩工程"，真正做到对历史和人民负责。

要做到真抓实干。一分部署，九分落实。习近平总书记强调："要抓实、再抓实，不抓实，再好的蓝图只能是一纸空文，再近的目标只能是镜花水月。"干事业不是做样子，不是做表面文章。很多时候，有没有新面貌，有没有新气象，并不在于制定一打一打的新规划，喊出一个一个的新口号，而在于结合新的实际，用新的思路、新的举措，脚踏实地把既定的科学目标、好的工作蓝图变为现实。任务一经确定，绝不能搞一阵风、一下子，而是要一步一个脚印、稳扎稳打向前走，不断积小胜为大胜。

八、坚持历史担当

习近平新时代中国特色社会主义思想的一个鲜明理论品格，就是思接千载、视通万里，坚持把历史、现实、未来贯通起来，对重大问题、战略问题做出深刻的历史比较和分析，体现出强烈的历史担当精神。比如，习近平总书记紧密联系 5000 多年中华文明史来思考中华民族的前途命运，联系 500 年世界社会主义发展史来认识社会主义运动的前进方向，联系中国近代以来 170 多年奋斗史来阐明中国的复兴道路，联系建党 90 多年、新中国成立近 70 年、改革开放 40 多年的革命建设改革历程来把握党的历史方位和历史使命，联系"两个一百年"奋斗目标来展望我们党的光明前景，充分反映了习近平总书记立足历史大视野、发展大趋势思考和分析问题的历史意识，充分体现了习近平总书记对党、对国家、对民族、对人民的责任担当。

坚持历史担当，必须先之劳之、率先垂范。习近平总书记曾说过："我的执政理念，概括起来就是：为人民服务，担当起该担当的责任。"党的十八大以来，习近平总书记勇扛千钧之重，以胸怀天下、勠力复兴的历史担当，带领全党全国各族人民战胜一系列风险挑战，推动党和国家事业发生历史性变革、取得历史性成就，给广大干部群众以巨大鼓舞和感召，也赢得了世界高度赞誉。进入新时代后，前进路上还有许多矛盾问题需要解决，还有许多风险挑战需要面对，这是最需要担当的时候，也是最考验担当的时候。只有深入把握习近平新时代中国特色社会主义思想贯穿始终的历史担当精神，始终把责任使命扛在肩上，担国家民族之大任，当新时代新征程之先锋，才能创造出经得起实践、人民、历史检验的新业绩，不断把新时代中国特色社会主义推向前进。

坚持历史担当，必须提高历史思维能力。习近平总书记指出，"历史是最好的教科书"，"中国革命历史是最好的营养剂"。历史思维能力，就是以史为鉴、知古鉴今，善于运用历史眼光认识发展规律、把握前进方向、指导现实工作的能力。加强对中国历史、党史国史、社会主义发展史和世界历史的学习，深刻总结历史经验、把握历史规律、认清历史趋势，在对历史的深入思考中做好现实工作并更好地走向未来。

坚持历史担当，必须增强责任意识、使命意识、进取意识。有职就有责，有责就要担当。要用铁的肩膀负起该负的责任，做好该做的事情，切实把推动改革发展稳定的责任担起来，把从严管党治党的责任担起来，把本职工作责任担起来，做到守土有责、守土负责、守土尽责。特别是党的干部，要在大是大非问题面前做战士而不做绅士，敢于亮剑、敢于站出来说话、敢于表明态度，绝不搞"爱惜羽毛"那一套。综合运用思想教育、管理监督和激励保障等措施，引导党员干部认识到为党分忧、为民尽责是天职，不担当、不作为与合格党员标准格格不入，从而不断激发干事创业的内生动力，推动形成想作为、敢作为、善作为的良好风尚。

思考题

1. 如何理解马克思主义的鲜明特征和基本立场？

2. 结合专题授课内容，谈谈你对学习实践马克思主义思想观点的理解和认识。

3. 结合专题授课内容，谈谈你对马克思主义思想方法和工作方法的理解和认识。

参考文献

［1］马克思恩格斯文集（第1—10卷）［M］. 北京：人民出版社，2009.

［2］马克思恩格斯选集（第1—4卷）［M］. 北京：人民出版社，2012.

［3］列宁选集（第1—4卷）［M］. 北京：人民出版社，1995.

［4］毛泽东选集（第1—4卷）［M］. 北京：人民出版社，1991.

［5］毛泽东文集（第1—8卷）［M］. 北京：人民出版社，1999.

［6］邓小平文选（第1—3卷）［M］. 北京：人民出版社，1994.

［7］江泽民文选（第1—3卷）［M］. 北京：人民出版社，2006.

［8］胡锦涛文选（第1—3卷）［M］. 北京：人民出版社，2016.

［9］习近平谈治国理政（第1、2卷）［M］. 北京：外文出版社，2018.

［10］习近平. 之江新语［M］. 杭州：浙江人民出版社，2007.

［11］习近平总书记系列重要讲话读本（2016年版）［M］. 北京：学习出版社，2016.

［12］习近平. 摆脱贫困［M］. 福州：福建人民出版社，1992.

［13］中共中央宣传部. 习近平新时代中国特色社会主义思想三十讲［M］. 北京：学习出版社，2018.

［14］中共中央宣传部. 习近平新时代中国特色社会主义思想学习纲要［M］. 北京：学习出版社，人民出版社，2019.